# PHILOSOPHIE

Christa Pöppelmann
Frank Beyersdörfer

# PHILOSOPHIE

## für Besserwisser

GONDROM

Konzept und Producing: twinbooks, München
Redaktion: twinbooks, München (Claudia Gründig, Michaela Didyk)
Covergestaltung: Dietmar Stammel
Umschlagillustration: Norbert Pautner, München
Coverfoto: Getty Images, München



011

ISBN 3-8112-2405-0

5 4 3 2 1

# Inhalt

# Vorwort

Wir Menschen sind geborene Philosophen. Denn wie schon Platon und Aristoteles feststellten: Die Philosophie beginnt mit dem Staunen. Wer beeindruckt ist vom Kreisen der Sterne, von der Schönheit einer Blume, wer sich darüber wundert, dass der Mensch sprechen und sich zwischen Gut und Böse entscheiden kann, der wird Fragen stellen und nach Antworten suchen.

Aber wozu solche Gedanken? Schaffen sie nicht eine Menge überflüssige Probleme? Für den Alltag stimmt das natürlich. Doch es gibt Situationen, in denen es sinnvoll ist, die alltäglichen Erscheinungen in Frage zu stellen. Wer aus dem Alltag ausscheren will, sollte lernen, das scheinbar Selbstverständliche neu zu sehen. Er muss sich mit dem befassen, was nicht mehr offensichtlich ist. Philosophische Fragen reichen immer über das Alltägliche hinaus. Sie befassen sich mit allen Facetten des Lebens. Das Philosophieren beginnt mit dem »Wesen« eines einfachen Gegenstandes und reicht über Ideale und Vorstellungen bis hin zu den Grundprinzipien unseres Menschseins: Was ist das Gute? Was Wahrheit oder Schönheit? Wie steht es um Gerechtigkeit und Liebe? In einer persönlichen Krise oder beim Verlust eines vertrauten Menschen fragen Sie sich vielleicht: Was bedeutet der Tod? Wie soll ich leben? Gibt es einen Gott? Oder eine unsichtbare Welt? Was ist Leben überhaupt? Welchen Einfluss kann ich nehmen? Ist mein Schicksal vorbestimmt, oder besitze ich einen freien Willen? Welche Verantwortung trage ich, welche tragen wir Menschen alle zusammen?

In diesem Buch werden Sie erfahren, dass die Philosophie beileibe keine fertigen Schablonen auf persönliche Lebensfragen bietet. Aber sie kann helfen, komplizierte, auch persönliche Probleme zu analysieren, das Knäuel der Gedanken zu entwirren und an den Kern der Dinge etwas näher heranzukommen.

# Denksport für jedermann

Wer sich mit Kant, Schopenhauer und Nietzsche auskennt, das heißt, wer sich ein bisschen näher mit der Philosophiegeschichte auseinandersetzt, der betreibt im Grunde schon Philosophie, denn er beschäftigt sich mit den Ideen und Vorstellungen großer Philosophen – diese Ansicht teilt zumindest Hegel.

Das bedeutet, Philosophen sind Menschen, die nicht nur selbst neue Gedanken entfalten, sondern auch die bereits vorhandenen Gedanken weiterentwickeln. Und das machen wir – ohne uns dessen überhaupt bewusst zu sein – jeden Tag aufs Neue. Und das ist auch gut so: Schließlich gehen »Fragen über Gott und die Welt« jeden Einzelnen von uns an und bedeuten jedem etwas anderes. Deshalb lohnt es sich, darüber nachzudenken.

# Philosophisches Denken

**Jeder überlegt und grübelt gelegentlich, das ist jedem Menschen von Natur aus angeboren. Über etwas nachzudenken, hat auch einen praktischen Nutzen. Das Denken hilft uns in vielen Lebensbereichen, das merken wir beispielsweise, wenn wir uns mit dem Auto verfahren haben, weil wir nicht auf der Straßenkarte nachgeschlagen und darüber nachgedacht haben, wo der Weg verläuft, sondern nur unserem Gefühl gefolgt sind – und das kann durchaus täuschen. Auch ereilen uns beim Sinnieren neue Gedanken, die wiederum zu neuen Anschauungen führen.**

**Revolution im Kopf**

Für den deutschen Denker Immanuel Kant (1724–1804) ist philosophisches Denken eine Revolution im Inneren des Menschen. Er hält es für die Befreiung »desselben aus seiner selbstverschuldeten Unmündigkeit. Statt, dass bis dahin andere für ihn dachten und er bloß nachahmte oder am Gängelbande sich leiten ließ, wagt er es jetzt, mit eigenen Füßen auf dem Boden der Erfahrung, wenn gleich noch wackelnd, fortzuschreiten.« Der unumgängliche Ausgangspunkt des philosophischen Nachdenkens zeigt sich für Kant aus diesem Grunde ganz logisch im »Selbstdenken.« In diesem Sinne sollten wir seiner Aufforderung folgen und stets eigene Überlegungen anstellen. Und wir sollten uns darüber im Klaren sein, dass Worte allein nicht viel aussagen: Nicht jeder, der von seiner Lebensphilosophie spricht, und nicht jedes Unternehmen, das seine Firmenphilosophie vorstellt, offenbart schon wirklich »Liebe zur Weisheit«.

Es gehört mehr dazu, als sich einige Maximen zurechtzuzimmern oder sich unter einen Baum zu setzen und ins Blaue zu sinnieren. Echte Philosophie strebt nach Erkenntnis. Das heißt zunächst, dass eine Einsicht in die Gesetzmäßigkeiten des systematischen

Denkens notwendig ist. Immanuel Kant behauptet denn auch, Philosophieren bedeute, das »Talent der Vernunft in der Befolgung ihrer allgemeinen Prinzipien zu üben«.

Philosophie ist zudem tiefgründig. Sie zielt auf den Ursprung der Dinge. Wahre Denker geben sich daher nicht mit schnellen und einfachen Antworten zufrieden. Wer sein Leben gut einrichten will und nach der besten Form hierfür sucht, der muss sich auch in vielerlei Hinsicht Gedanken über die Welt machen, in der er sich verwirklichen möchte. Genau darin unterscheidet sich philosophischer Tiefgang von bloßer Selbstfindung, die bei den Fragen »Wie werde ich möglichst schnell erfolgreich?« oder »Wie entwickle ich mich weiter?« Halt macht.

Die Erfahrung mit der nationalsozialistischen Diktatur lässt die Philosophin Hannah Arendt (1906–1975) zu dem Schluss kommen, dass Normen und Werte sich ändern, auf die Zweifler und Skeptiker aber Verlass sei, weil diese gewohnt sind, sich ein eigenes Urteil zu bilden. »Die Vorraussetzung für diese Art der Urteilsbildung ist keine hochentwickelte Intelligenz oder ein äußerst differenziertes Moralverständnis«, schreibt sie, »sondern schlicht die Gewohnheit, ausdrücklich mit sich selber zusammenzuleben, das heißt, sich in jenem stillen Zwiegespräch mit mir und meinem Selbst zu befinden, welches wir seit Sokrates und Platon gewöhnlich als Denken bezeichnen.«

### FÜR BESSERWISSER

**Philosophie heißt wörtlich übersetzt »Liebe zur Weisheit«. Darin stecken die griechischen Worte *philia*, was Freundschaft und Liebe bedeutet, und *sophia* für »Weisheit«. Unter Weisheit aber wird in der griechischen Antike die Einsicht in die beste Form der Lebensführung verstanden. Der Begriff Philosophie stammt von Phytagoras (6. Jh. v. Chr.). In Gebrauch bringen ihn aber erst Sokrates (469 bis 399 v. Chr.) und Platon (427 bis 347 v. Chr.). Vor ihrer Zeit sprach man von »Sophisten«, also »Weisen«. Sokrates jedoch stellte fest, dass diese so genannten Weisen oft gar nicht so viel wussten, während ihm immerhin klar war: »Ich weiß, dass ich nichts weiß.« Zur wahren Weisheit, meinte er, könnten Menschen gar nicht kommen, sie könnten nur ihre Freunde oder Liebhaber sein. Platon nennt sein leidenschaftliches Streben nach Weisheit sogar erotisch – aber natürlich rein platonisch.**

# In die Köpfe von Platon, Kant und Hegel geschaut

**Die Aufforderung, selbst zu einem Philosophen zu werden, macht die Auseinandersetzung mit den großen Denkern der Vergangenheit keineswegs überflüssig. Ganz im Gegenteil! Auch sie haben zu ihren Lebzeiten die Ideen ihrer Vorgänger aufgenommen, weitergeführt oder versucht, diese zu widerlegen.**

## Drum prüfe, wer sich bindet

Auch wir dürfen uns sozusagen auf die Schultern von Platon und Kant stellen und das, was wir geprüft und für gut befunden haben, für unser eigenes Denken übernehmen. Wir können uns von ihnen anregen lassen und an ihrem Beispiel lernen.

## Der ewige Wandel der Ideen

Schon einmal gedachte Positionen unverändert zu lassen, gelingt uns allerdings kaum, weil sich die gesellschaftlichen Voraussetzungen und Umstände andauernd wandeln. Georg Wilhelm Friedrich Hegel (1770–1831) verglich die Geschichte zum Beispiel mit einem Strom. Genauso wie sich dessen Lauf ständig an die Umgebung anpasst, ergeben sich auch von Generation zu Generation andere Grundlagen der Erkenntnis. Wir können jedoch keinen Punkt der absoluten Wahrheit festmachen, wo der Fluss »besser« oder aber »schlechter« ist. Zu wissen, wie ein einzelner Stromabschnitt aussieht, kann uns zwar beim Verstehen eines anderen Teilstücks behilflich

**FÜR BESSERWISSER**

### Esoterische Zirkel

**In den philosophischen Akademien von Platon und Aristoteles wurde zwischen esoterischen und exoterischen Veranstaltungen unterschieden (überliefert sind von Aristoteles nur die exoterischen Schriften). Hinter den »esoterischen Stunden« verbargen sich alle Sitzungen, die nur für bereits eingeweihte Schüler waren. Zu den exoterischen Vorlesungen hingegen durfte jeder kommen.**

**Der griechische Philosoph Platon im Kreis seiner Schüler**

sein. Aber keine Idee, um das Bild auf die Philosophie zu beziehen, kann aus ihrem historischen Zusammenhang gerissen werden. Jeder, der sie zu einem späteren Zeitpunkt wieder aufnimmt, kann nur versuchen, sie in seine Zeit und auf seine Lebensumstände bezogen zu übersetzen, um einen Nutzen daraus zu ziehen. Seine »Kernfrage« kann nur lauten: »Was bedeutet diese Vorstellung hier und heute?«

Der deutsche Denker Hegel gehört zu den Philosophen, die grundsätzlich eine fortschreitende positive Entwicklung der Welt voraussetzen. Das heißt, diese Gruppe von Philosophen geht davon aus, dass alles aufeinander aufbaut und einem Idealzustand zustrebt. Hegel war der Ansicht, in der Geschichte der Menschheit eine Entwicklung hin zu immer mehr Rationalität und Freiheit zu entdecken. Er bezeichnet das Phänomen als den »Weltgeist«, der sich seiner selbst immer mehr bewusst wird. Kehrt man zu seinem Beispiel vom Fluss zurück, dann könnte man sagen, dass der Fluss heute viel breiter ist als zu den Zeiten von Platon oder Kant, denn er enthält viel mehr Ideen als damals. Außerdem ist das Wasser sozusagen gefiltert, weil die neuen Ideen, die in »vernünftigeren« Zeiten entstanden sind, zwangsläufig fortschrittlicher als die alten sind.

Andere Philosophen beurteilen den Fortschritt in der Geschichte pessimistischer. Doch auch sie beziehen sich auf die Gedanken und Vorstellungen ihrer Vorgänger. Deshalb ist es durchaus sinnvoll, zuerst die Grundlagen kennen zu lernen. Wer sich mit der Philosophie zu beschäftigen beginnt, sollte also lieber bei Platon als bei einem Denker des 20. Jahrhunderts einsteigen, damit er – der Geschichte folgend – auf dem antiken Wissen aufbauen kann.

## ➤ Lesetipps

Um den Großen der Zunft wirklich in die Köpfe zu schauen, kommt man nicht umhin, sich mit ihren Schriften zu befassen. Leider machen es uns die berühmten Denker nicht ganz einfach. Vor allem die deutschen Philosophen sind gefürchtet. Ihr »unnachahmlicher Stil« hat in der internationalen »Denkerzunft« schon manches sarkastische Urteil herausgefordert. Die folgenden Werke sind jedoch für einen Einstieg gut »lesbar«:

- Platons *Apologie* handelt von der großen Verteidigungsrede des Sokrates vor dem Athener Gericht. Sokrates erklärt sein Wirken als Philosoph und versucht seinen Anklägern den großen Wert der Philosophie klar zu machen.
- In seiner *Politik* beschreibt Aristoteles, warum der Mensch auf Gemeinschaft und Staat angewiesen ist. Er untersucht die verschiedenen Verfassungen seiner Zeit. Die *Nikomachische Ethik* zeigt, dass ein gutes Leben nur in einer Gemeinschaft verwirklicht werden kann.
- Descartes schildert in den *Meditationen* seinen Versuch, alles in Zweifel zu ziehen, um schließlich bei der Gewissheit »Ich denke, also bin ich« zu landen.
- Im *Gesellschaftsvertrag* entwirft Rousseau seine einflussreiche Idee der Volkssouveränität, die dadurch entsteht, dass die Menschen untereinander und nicht mit einem König einen Vertrag schließen.
- *Was ist Aufklärung?*, fragt Kant und fordert die Menschen auf, den eigenen Verstand zu betätigen.
- Wittgensteins *Über Gewissheit* thematisiert in jeweils kurz gefassten Einsichten Fragen des Zweifels, des Wissens und der Gewissheit. Die Zusammenhänge mit der Ethik und Religion sowie Gedanken zur Erziehung sind angeschlossen.

# Vom Nutzen und Nachteil des Denkens

**Denken kann durchaus gefährlich sein. Davon erzählt bereits die *Bibel*: Nachdem Eva einen Apfel vom Baum der Erkenntnis gepflückt hatte, wurde sie samt Gatten umgehend aus dem Paradies verwiesen. Unzählige Männer haben sie seitdem verflucht, aber Hand aufs Herz: Hätte einer von ihnen wirklich als eine Art gehätscheltes Tier im Paradies leben wollen? Ohne Bewusstsein seiner Selbst? Ohne Erkenntnis der ihn umgebenden Welt? Ohne Verstand?**

## Die Vertreibung aus dem Paradies

»Es ist besser, ein unzufriedener Mensch zu sein als ein zufrieden gestelltes Schwein«, bringt es John Stuart Mill (1806–1873) auf den Punkt, »besser ein unzufriedener Sokrates als ein zufriedener Narr.« Auch wenn das Schwein und der Narr das anders sehen mögen.

Doch die Geschichte von Eva und dem Apfel ist gut erfunden. Denn Erkenntnis kann tatsächlich die Vertreibung aus dem Paradies bedeuten. Michel de Montaigne (1533–1592) fasste diese Erfahrung so in Worte: »Philosophieren heißt Zweifel, Zweifel aber sind unangenehm und beängstigend.« Friedrich Nietzsche (1844–1900) meinte einst, Philosophie sei der Explosivstoff, in dessen Gegenwart alles in Gefahr gerate. Und auch Karl Jaspers (1883–1969) folgerte: »Die Philosophie will die ganze Wahrheit, die Welt aber will sie nicht.«

**Friedrich Nietzsche verfasste die Schrift *Vom Nutzen und Nachteil der Historie für das Leben***

Ein Störenfried sei daher diese Philosophie.

Nicht wenige »Weise« haben mit ihren revolutionären Gedanken die Machthaber ihrer Zeit herausgefordert, die ein starkes Interesse daran hatten, dass alles in gewohnten Bahnen – und zu ihren Gunsten – weiterlief. Sokrates wurde zum Tode verurteilt und Platon fast auf dem Sklavenmarkt verkauft, Rousseau lebte einen Gutteil seines Lebens auf der Flucht. Sollte man das Denken also vielleicht doch besser sein lassen?

**FÜR BESSERWISSER**

**Von Fischen und Oliven**

Angler behaupten, ihr Sport sei die einzige Philosophie, die satt mache. Doch nicht alle Philosophen lebten arm und glücklich wie Diogenes in seiner Tonne. So berichtet Aristoteles beispielsweise von Thales von Milet (625 bis 545 v. Chr.), dessen philosophische Betrachtung über die Geheimnisse der Natur habe jenen zu der Erkenntnis gebracht, dass eine besonders gute Olivenernte bevorstehe. Thales kaufte also sämtliche Ölpressen der Gegend auf und vermietete sie gegen viel Geld. Ein anderes Mal jedoch fiel er, so die Rede, aus Versehen in einen Brunnen, weil er so versunken in den Anblick des Sternenhimmels war. Jedes Ding hat eben zwei Seiten.

## Die Sache mit dem Instinkt oder die Angst vor Erkenntnis

Doch die Frage stellt sich: Können wir das einfach? Auch die These, man solle im Leben besser nur seinen Instinkten folgen, vertritt schließlich eine bestimmte Philosophie. Wenn man nachdenkt, ob denken gut oder schlecht ist, dann denkt man nämlich schon!

Es scheint außerdem, als wären wir zwangsläufig zum Denken verdammt. Dies veranschaulicht eine aktuelle Problematik: Selbst ein Fremdenfeind legt sich noch eine Rechtfertigungsthese zurecht, bevor er einen Ausländer angreift, zum Beispiel: »Der nimmt mir meinen Arbeitsplatz weg«. Rein instinktiv hätte es keinen Grund für einen Angriff gegeben. Erst die von Angst diktierten Gedanken über eine mögliche Bedrohung lassen Hass und Gewalt entstehen.

Wir beginnen zu denken, aber stellen es ein, wenn unsere Gedanken unheimlich oder unbequem werden. Aus Feigheit. Darin besteht unser Problem. Unsere Gedanken könnten Konsequenzen

## Sokrates (469 bis 399 v. Chr.)

Sokrates.

**Sokrates Ziel war, die Menschen vom Schein-Wissen zum echten Wissen zu führen**

Er soll klein und hässlich gewesen sein, stupsnasig und mopsgesichtig. Ganz sicher war er eine Nervensäge. Seine philosophische Methode war es, durch die Straßen zu ziehen, Leute mit tiefschürfenden Fragen zu quälen und sie so zu eigener Erkenntnis zu bringen. Er nannte das Hebammenkunst (Maieutik), schließlich war er Sohn einer Hebamme, »einer sehr tüchtigen und energischen, der Phainaréte.« Da er sich nur als Freund und Geburtshelfer der Weisheit sah, hielt er es auch nicht für nötig, seine Gedanken aufzuzeichnen. Das meiste, was wir von Sokrates wissen, findet sich in den Schriften seiner Schüler, vor allem denen Platons.

Platon erzählt auch, das Orakel von Delphi habe behauptet, Sokrates wäre der weiseste Mann Athens. Als dieser das hörte, wollte er es nicht glauben und machte sich auf die Suche nach einem noch weiseren. Im unerbittlichen Kreuzverhör stellte er jedoch fest, dass die so genannten Weisen gar nicht so viel wussten, wie sie glaubten. So kam er dann zu dem Schluss, dass er selbst doch der weiseste sein muss: »Denn ich weiß, dass ich nichts weiß.«

Trotzdem war Sokrates kein Skeptiker, sondern glaubte an gültige Werte wie Wahrheit und Gerechtigkeit. Bei seiner Philosophie ging es ihm vor allem darum, deren Wesen zu erfassen, um ein integres Leben zu führen. Er war fest überzeugt, es sei besser Unrecht zu erleiden, als Unrecht zu begehen.

Sokrates muss eine charismatische Persönlichkeit besessen haben. Vor allem die Söhne der reichsten Bürger Athens wurden scharenweise seine Anhänger. Trotzdem nahm er kein Geld von ihnen, was zu den legendären Auseinandersetzungen mit seiner Frau Xanthippe führte, die immerhin drei Söhne zu ernähren hatte. Einmal soll sie ihn zum Beispiel mit Putzwasser übergossen haben.

Letztendlich wurde ihm seine Beliebtheit bei der reichen Jugend zum Verhängnis. Denn deren Väter schätzten es gar nicht, von ihren Söhnen auf »sokratische« Weise mit unangenehmen Fragen behelligt zu werden. Die Stadtoberen stellten ihn vor Gericht. Er würde die Jugend Athens verderben und nicht mehr den alten Göttern huldigen, lautete die Anklage.

Sokrates hätte wohl rechtzeitig fliehen oder seiner Tätigkeit abschwören können. Stattdessen hielt er den Athenern eine Moralpredigt, die sich gewaschen hatte. »Schämst du dich nicht deines Strebens nach immer mehr Reichtum, Ruhm und Ehre, während du dich nicht sorgest um die Weisheit und die Wahrheit und das Wohlergehen deiner Seele?«, wirft er seinen Anklägern beispielsweise vor.

Er sei den Athenern von den Göttern geschickt, wie ein Sporn oder eine Stechmücke (griechisch beides: *myopses*), die ein edles, aber etwas träges Pferd reizen soll. Der gerechte Lohn für sein Tun, so meinte er, wäre eigentlich lebenslang beste freie Kost und Logis, wie das auch den Olympiasiegern zustand. Die Richter fanden das nicht witzig und verdammten ihn dazu, einen Becher mit giftigem Schierling zu trinken.

Er tat dies im Kreis seiner Schüler und mit großer Würde, ja Freude. Denn im Grunde war Sokrates überzeugt, dass der Körper nur eine zeitweilige Behausung für die unsterbliche Seele des Menschen sei.

**Evergreens:**

»Wie zahlreich sind doch die Dinge, derer ich nicht bedarf.«

»Geduld ist die Grundlage jeder Weisheit.«

»Ein gutes Essen bringt gute Leute zusammen.«

**Wichtige Werke:** *Apologie*, *Kriton* und *Phaidon* von Platon.

nach sich ziehen, solche, die wir nicht wollen. Instinktives Verhalten kann ähnlich unangenehme Folgen haben. Aber wenn wir nicht darüber nachdenken, also auch keine logische Verbindung zwischen unserem Handeln und den Folgen sehen, erscheinen sie uns als eine Art Naturereignis. Oder als Schuld eines anderen. Der Schläger ist der unreflektierten Meinung, die Ausländer sind daran schuld, dass in seiner Gegend Arbeitsplätze fehlen. Dass er selbst aber durch sein Auftreten zu einer Personengruppe gehört, die es ihm schwer macht, einen Arbeitsplatz zu finden, dieser Erkenntnis verschließt er sich.

Insofern wir gar nicht anders können, als zu denken, so meinen die Philosophen, sollten wir es wenigstens richtig tun und nicht kurzsichtig und halbherzig. Denn gerade Halbwahrheiten, siehe Beispiel oben, wirken sich verheerend auf das Denken und Handeln aus. Die Wahrheit dagegen mache unabhängig – von fremden Einflüssen, aber auch vom Diktat der eigenen Triebe.

Und wieder ist es John Stuart Mill, der diese Einsicht schlüssig formuliert und einen Bogen zieht: »Niemand kann ein großer Denker werden«, sagt er, »so lange er nicht einsieht, dass die erste Tugend eines Denkers die ist, seinem Verstand zu folgen, egal zu welcher Schlussfolgerung er ihn auch führt.«

### ➤ Vom Nutzen der Philosophie

Wer sich mit Philosophie befasst:

- lebt bewusster und bekommt Distanz zum Getriebe des Alltags,
- entdeckt neue Möglichkeiten,
- lernt, Wichtiges und Unwichtiges zu unterscheiden,
- wird freier und mündiger – im Privaten, wie im Politischen,
- kann mitreden,
- denkt logischer,
- schärft sein Urteilsvermögen,
- lernt, den Dingen auf den Grund zu gehen,
- entdeckt Strukturen im Wust der alltäglichen Eindrücke und kann sich deshalb besser in der Welt zurechtfinden,
- stellt fest, dass Philosophieren großen Spaß machen kann.

# Wie wirklich ist unsere Wirklichkeit?

**Nicht nur Bertrand Russell zweifelt an der Erscheinung seines Tisches, sondern auch kleine Kinder schwören Stein und Bein, dass der Joghurt im roten Becher besser schmeckt als der im grünen Becher – obwohl der grüne den gleichen Inhalt hat. Amerikanische Studenten finden in einer Studie denselben Aufsatz besser, wenn er angeblich von einem Mann geschrieben ist, nicht von einer Frau. Und jeder Arzt kann bestätigen, dass Kranke von Placebos gesund werden.**

### Wenn der Schein trügt

Es ist offensichtlich: Unsere Sinne lassen uns immer wieder im Stich. Die Dinge sind längst nicht so, wie sie uns erscheinen. Und selbst der schärfste Verstand kann sich irren. Worauf aber sollen wir uns dann stützen?

René Descartes (1595–1650), der französische Philosoph, Naturwissenschaftler und Mathematiker, hat die Probe aufs Exempel gemacht. Er hat einfach alles in Zweifel gezogen. Zum Beispiel, dass er im Winterrock an seinem Kamin sitzt und ein Papier in Händen hält, dass er überhaupt Gliedmaßen und einen Körper hat und zwei plus drei fünf ergibt, – all das könnte doch nur geträumt sein. Welchen Beweis hat er, dass er selbst und die Welt um ihn herum

**René Descartes war nicht nur Philosoph, sondern auch ein bekannter Mathematiker**

wirklich existieren? Gibt es etwas, das nicht anzuzweifeln ist? Descartes stößt schließlich auf die Tatsa-

**FÜR BESSERWISSER**

**Ockhams Anker**

**Der britische Philosoph Wilhelm von Ockham (1285–1347) ist der Erfinder eines Rettungsankers für alle Philosophen, die sich in ihren Gedanken zu verstricken drohen. Das Prinzip trägt den Namen »Ockhams Rasiermesser«. Es besagt, dass unter denselben Umständen von zwei Erklärungen für dasselbe Phänomen wahrscheinlich die kompliziertere auch fehlerhafter ist. Deshalb sind für Erklärungsversuche nur so viele Annahmen wie unbedingt nötig zu machen. Albert Einstein setzte dieser Erkenntnis das i-Tüpfelchen auf: »Man sollte alles so einfach wie möglich machen, aber nicht einfacher.«**

che, dass er denkt und zweifelt. In seinem Hauptwerk *Die Prinzipien der Philosophie* schreibt er: »Das Denken ist's, es allein kann von mir nicht getrennt werden. Ich bin, ich existiere, das ist gewiss.« Man hat diese Erkenntnis auf die berühmte lateinische Kurzformel *Cogito, ergo sum* oder »Ich denke, also bin ich« gebracht.

Weil er selbst aber unzweifelhaft ein denkendes und zweifelndes Wesen sei und dennoch die Vorstellung von einem vollkommenen Wesen in sich habe, meint Descartes weiter, müsse auch dieses vollkommene Wesen, nämlich Gott, existieren. Da Gott nun vollkommen sei, wolle er sicher nicht, dass seine Geschöpfe, also die Menschen, in ewiger Täuschung lebten. Mit logischer Konsequenz schlussfolgert er weiter, dass Gott die Menschen daher wohl nicht mit einem eigenen Verstand ausgestattet hätte, wenn dieser nichts taugen würde.

### Die Lust am Zweifel

Kritiker sagen, Descartes habe sich am eigenen Schopf aus dem Sumpf gezogen. Sie glauben, dass seine Schlussfolgerungen über sich selbst und Gott mehr ein Rettungsanker als wahre Logik seien.

Andererseits sollte man nicht vergessen, dass es von Weisheit zeugt, solche Rettungsanker auszuwerfen. Ein echter Philosoph darf natürlich nicht zu früh und zu schnell das Denken einstellen. Aber er muss auch erkennen, wann seine Gedanken unsinnig werden und nur noch in die Sackgasse führen.

Es ist eine typisch philosophische Gefahr, nicht mehr zu wissen, wann das Denken besser beendet werden sollte. Viele geben bei der Suche nach der Wahrheit zwar beherzt Gas, aber sie können im rechten Moment nicht bremsen. Letztlich lässt sich alles in Zweifel ziehen.

**Eine Frage der Relation?**

Die Relativisten zum Beispiel sagen, dass alle Wahrheiten nur relativ sind, da jeder Mensch andere Wahrnehmungen hat und andere Dinge für wahr hält. Demnach gibt es keine absolute Wahrheit und somit auch keine absoluten moralischen Werte.

Der Relativismus ist an sich ein vernünftiger Denkansatz. Er schärft unseren Blick dafür, dass sich Dinge und Ideen für verschiedene Menschen, zu verschiedenen Zeiten, unter verschiedenen Umständen jeweils anders darstellen können. Es kommt tatsächlich darauf

## ➤ Das *Höhlengleichnis* – Weg zur wahren Erkenntnis

**Platon war der Ansicht, dass es die vollkommene Erkenntnis geben kann. Die Idee, wie das geschehen könne, beschrieb er in einem der berühmtesten Texte der Philosophiegeschichte, und zwar im *Höhlengleichnis*. Darin fordert Platon seine Schüler auf, sich vorzustellen, dass alle Menschen in einer dunklen Höhle gefangen seien und sich dabei nicht rühren könnten. Hinter ihrem Rücken, so das Bild, brennt ein Feuer und wirft die Schatten von Gegenständen, die vorbei getragen werden, auf die Höhlenwand vor den Gefangenen. Diese Menschen halten nun – da sie es nicht besser wissen – dieses Schattenkino für die Realität. Platon schildert nun dramatisch, wie ein Gefangener zunächst von seinen Fesseln befreit und dann gezwungen wird, in das Feuer zu blicken. Kaum hat er sich unter Schmerzen und Widerstreben daran gewöhnt, diese Realität zu akzeptieren, schleppen ihn die Bewacher aus der Höhle in das Freie, wo er mit dem Tageslicht und schließlich mit der Sonne konfrontiert wird. So wie diese zu den Schatten in der Höhle steht, schlussfolgert Platon, so verhält sich die wahre Erkenntnis zu unserer alltäglichen Wahrnehmung. Der Philosoph, als Moral dieses Gleichnisses, lässt sich als Erkennender die Ketten abnehmen und tritt den schweren Gang nach oben – in das Licht – an.**

an: Ein Haar in der Suppe ist relativ viel, ein Haar auf dem Kopf jedoch relativ wenig.

Wird der Relativismus auf die Spitze getrieben, entpuppt er sich jedoch als völlig destruktiv und absurd für das soziale Miteinander. Ein radikaler Relativist kann seine Umwelt zur »Verzweiflung« bringen, indem er einfach alles anzweifelt – vor allem das, womit er nicht einverstanden ist. Ganz alltäglich kann sich dieser philosophische Ansatz dann in folgende »Kernfrage« verkleiden: »Warum soll ich den Abwasch machen, wenn noch nicht einmal bewiesen ist, dass diese Teller überhaupt existieren?« Damit kann man sich sehr schlau vorkommen. Aber wer würde dem noch Weisheit zusprechen?

**Der Rest von Unbestimmtheit**

Die Philosophie fordert in erster Linie zur Skepsis auf. Wir überwinden mit dieser Haltung unseren natürlichen Hang, zu glauben, wir wüssten schon Bescheid, und gehen den Dingen auf den Grund – auch gegen den äußeren Anschein. Wir betrachten und untersuchen die Dinge mit unserem Verstand und unseren Sinnen. Ob wir mit diesem Vorgehen auf die »wahre« Wirklichkeit stoßen können, darüber streiten die Weisen. Platon bejahte seinerzeit, heute bezweifeln dies die meisten Denker. Aber auch wenn wir Platon glauben, werden wir uns in philosophischer Hinsicht damit abfinden müssen, eine Sache dann als »wahr« oder »wirklich« anzusehen, wenn es genügend starke Gründe dafür gibt. Ähnlich war auch ein Richter nicht bei einem Verbrechen dabei, sondern muss einen mutmaßlichen Täter anhand von Indizien verurteilen. Das eigene Wollen bezeihungsweise der Wunsch, so und nicht anders zu entscheiden, ist jedoch kein stichhaltiger Grund – weder in der Philosophie, noch in der Justiz oder in der Naturwissenschaft.

Denn selbst bei den Naturwissenschaften ist ebenfalls nicht alles zu erproben und zur Gänze zu beweisen, bevor Entscheidungen getroffen werden. Spätestens, wenn der GAU eingetreten ist, haben wir die Gewissheit, dass eine Technik gefährlich ist. Die Frage aber, wie wir diese Risiken verhindern, hat sich dann bereits erübrigt.

# Worüber man sich gegenwärtig den Kopf zerbricht

**Der Kampf gegen den Terror, die Gentechnik oder auch über die neuen Medien: Was hat dies alles mit Philosophie zu tun? Ganz einfach: All diese Dinge existieren und nehmen Einfluss auf unser Leben. Wir aber müssen entscheiden, wie wir damit umgehen. Wenn wir das nicht tun, stellen andere die Weichen, und wir müssen mit den Folgen leben – mit Folgen, die uns möglicherweise wenig gefallen. Obwohl wir so viel wissen, scheinen die Fragen und Probleme zuzunehmen. Scheinbar unumstößliche Gewissheiten, auf die frühere Generationen noch aufbauen, entlarven sich als trügerisch. Es fällt schwer, sich in der verwirrenden Realität zu orientieren.**

**Kann Krieg gerecht sein?**
Die Attentate in den USA vom 11. September 2001 und die folgenden Kriege gegen Afghanistan und den Irak haben viele Fragen in der Gesellschaft aufgeworfen. Insbesondere gegen den Irak-Krieg haben Millionen von Menschen protestiert. Andere dagegen hielten den Krieg für gerechtfertigt. Als Begründung führten sie entweder das Recht der Selbstverteidigung an oder den Beistand für ein unterdrücktes Volk gegen einen Diktator.

Die Philosophie kennt schon seit Urzeiten eine Lehre vom »gerechten« – oder treffender gesagt: »vom nicht ungerechten« – Krieg. Demnach gelten drei Bedingungen, die solche Auseinandersetzung zugestehen:

- Der Krieg muss zum einen von einer befugten Autorität erlaubt sein. Das waren früher die Religionsoberhäupter. Heute wäre es die Organisation der Vereinigten Nationen (UNO), die dafür verantwortlich ist, den Frieden zu sichern und die Völkerrechte zu wahren.
- Die kriegerische Auseinandersetzung darf zweitens nur aus einem »gerechten« Grund stattfinden. Wäre vom Irak eine unmittelbare,

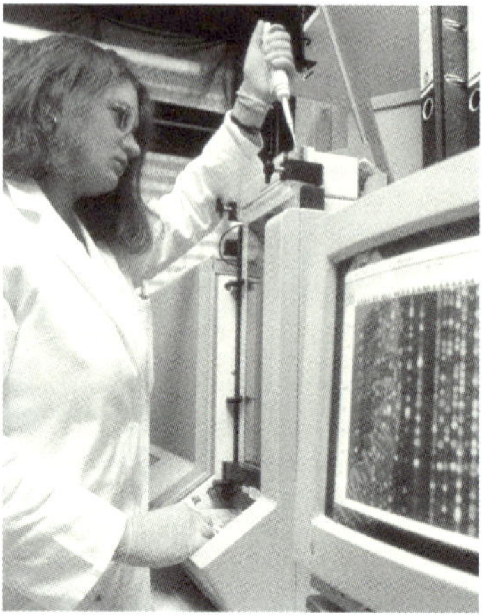

**Durch die Entschlüsselung des Erbguts versprechen sich Wissenschaftler Hilfe bei der Heilung von Kranken**

massive Bedrohung für andere Staaten ausgegangen, wäre dies der Fall gewesen. Auch ein Genozid, wie der Giftgaseinsatz von Saddam Hussein gegen die irakischen Kurden, hätte dieser Bedingung entsprochen.

■ Ebenso wird die dahinter stehende Absicht zum Maßstab für einen Krieg. Rache oder ein geschädigtes Ansehen zählen auf keinen Fall dazu. Auch der Wunsch, ein Volk von seinem Diktator zu befreien, wäre nur dann »nicht ungerecht«, wenn eine Verhältnismäßigkeit der Mittel gewahrt bleibt. Das heißt, um das Leben vieler zu retten, dürfen nur wenig andere Menschen in Gefahr gebracht werden und die Lage muss sich nach Beendigung des Krieges deutlich verbessern.

**Die Grenzen der Gentechnik**

Ein anderes brisantes Thema, das viele Fragen offen lässt, weil sie nicht wissenschaftlich beantwortbar sind, ist die Gentechnik. Sie gibt uns Menschen eine ungeheure Macht, in die Prozesse der Natur einzugreifen. Wir können mit dieser Technik sowohl die Organismen von Menschen und Tieren als auch

**FÜR BESSERWISSER**

### Krieg oder Terror?

**Der heilige Augustinus philosophierte über den Unterschied zwischen Staaten ohne Gerechtigkeit und Räuberbanden: »Hübsch und wahr ist der Ausspruch, den ein ertappter Seeräuber Alexander dem Großen gegenüber getan hat. Auf die Frage des Königs, was ihm denn einfalle, dass er das Meer unsicher mache, erwiderte er mit freimutigem Trotz: ›Und was fällt dir ein, dass du den Erdkreis unsicher machst? Aber freilich, weil ich es mit einem armseligen Fahrzeug tue, nennt man mich einen Räuber; und dich nennt man Gebieter, weil du es mit einer großen Flotte tust.‹«**

**Wie kein anderes Medium verändert das Internet die Massenkommunikation und damit unser tägliches Leben**

die von Pflanzen verändern. Aber wo liegen hierbei die Grenzen des Erlaubten? Wer trägt die Verantwortung, wenn etwas aus dem Ruder läuft? Welches Risiko ist eine Tomate wert, die gentechnisch manipuliert wurde, nur damit sie nicht mehr matscht? Wofür und an wen darf überhaupt ein Patent vergeben werden? Ist es beispielsweise möglich, einer Firma das Monopol für die Bekämpfung einer Krankheit oder für die Nutzung einer Pflanzenart zu erteilen?

Selbstverständlich ist die Frage nach menschlichem Leben in diesem Zusammenhang am heikelsten. Vielen erscheint das Opfer von einigen Embryonen ohne Empfindung und Bewusstsein ein geringer Preis für die Heilung Schwerkranker zu sein. Aber ab welchem Zeitpunkt – wenn nicht dem der Zeugung – sind die Würde und Unverletzlichkeit eines Menschen geschützt? Darauf hat man bisher noch keine ausreichend begründete Antwort gefunden. Denn welchen Sinn soll dieser Schutz haben, wenn er nicht greift – und zwar dann, wenn jemand menschliches Leben dem Eigennutz unterordnet, egal wie groß der Nutzen sein mag?

### Anonymität im Internet

Auch das Internet konfrontiert uns mit Problemen, die unsere Vorstellungen von Gerechtigkeit und Freiheit auf den Prüfstand stellen. Denn unsere Fairness und Verantwortlichkeit ist wohl verdrängt, wenn wir uns einen Musiktitel herunterladen, obwohl wir wissen, dass wir damit – als Teil einer Massenbewegung – Künstler um den gerechten Lohn ihrer Arbeit bringen. Wir machen uns durchaus vielleicht auch mitschuldig, indem wir Bilder ansehen, die strafbar sind, nämlich wenn Menschen heimlich bei Intimitäten fotografiert werden.

## Platon (427 bis 347 v. Chr.)

Athletisch gebaut, ziemlich reich und gut aussehend soll er gewesen sein: Platon, der Sprössling einer sehr vornehmen Familie aus dem Hochadel, war einer der vielen jungen Athener, die sich dem weisen Sokrates angeschlossen hatten. Wahrscheinlich tat er dies im Alter von 20 Jahren. Eigentlich hieß er Aristokles. Platon (von griechisch: *platos* = breit) nannten ihn seine Freunde wohl wegen seiner formvollendeten Schultern. Er soll in seiner Jugend sehr sportlich gewesen sein und bei den Isthmischen Spielen in Korinth im Ringkampf gewonnen haben.

Doch unsterblich geworden ist er nicht allein wegen seines Körpers, sondern wegen seines Geistes. Es gibt sogar das Bonmot, die ganze europäische Philosophie sei im Grunde nur eine Reihe von Fußnoten zu Platon. Das ist vielleicht etwas übertrieben, doch seine Werke und Gedanken sind fundamental für das, was später kam. Im Gegensatz zu manchen seiner Nachfolger – und auch im Gegensatz zu seinem Lehrer Sokrates, der nichts aufschreiben wollte – hat er erfreulich klar und verständlich geschrieben, sodass wir auch heute seine Texte noch gut lesen und verstehen können.

Eigentlich war der junge Aristokrat dazu bestimmt, in die Politik zu gehen. Aber nachdem Athens Machthaber seinen Lehrer Sokrates mit dem Schierlingsbecher in den Tod geschickt hatten, kam der Staatsdienst für ihn nicht mehr in Frage. Stattdessen geht er zu einem Schüler von Sokrates, Euklid, nach Megara und macht im Anschluss noch einige Bildungsreisen, unter anderem nach Ägypten und Italien. Als er nach Athen zurückgekehrt ist, beginnt er eine Lehrtätigkeit.

Geschätzt wird Platon noch heute, denn er zeichnete die alten Dialoge mit seinem Meister auf, um den Ruf von Sokrates wiederherzustellen und seine Weisheit der Nachwelt zu erhalten. Doch mit der Zeit kommen mehr und mehr eigene Ideen dazu – das heißt, er schrieb nun keine tatsächlich stattgefundenen Gespräche mit Sokrates auf, sondern fiktive Dialoge. Obwohl Platon seine eigenen

Gedanken weiterhin seinem Lehrer in den Mund legt, ist für die Forscher klar, dass es sich inzwischen beim Sprecher um Platon handelt. Ein Zeichen dafür ist, dass sich die Themenpalette der Reden zum Beispiel um die Mathematik und die Physik erweitert hat und aus den Dialogen in der Folge Belehrungen werden. Platon verfasste viele Schriften, die meisten sind erhalten geblieben und erzählen auch von seiner Reform des politischen Denkens.

Seine Enttäuschung über die reale Politik veranlasst Platon, das Bild eines idealen Staates zu entwerfen, in dem die Gerechtigkeit garantiert sei. Wahre Gerechtigkeit aber könne nur von den Philosophen erkannt werden, wie er formuliert: »Von ihrem Elend werden daher die Geschlechter der Menschen nicht befreit werden, ehe nicht das Geschlecht der echt und wahr philosophierenden Männer an die Herrschaft im Staate kommt oder die Machthaber in den Staaten durch eine göttliche Fügung wirklich zu philosophieren beginnen.« Als Platon es wagt, in Syrakus dem Tyrannen Dionysios I. zu sagen, eine Regierung dürfe sich nicht von selbstherrlichen Launen leiten lassen, erwägt dieser erst die Todesstrafe, schickt ihn dann aber doch nur auf den Sklavenmarkt. Zum Glück entdeckt ihn dort ein alter Freund unter all den Kriegsgefangenen und kauft ihn für 2 000 Drachmen frei.

Wie Sokrates auch, hatte Platon viele Schüler. Er gründete im Alter von 40 Jahren in Athen die berühmteste Philosophenschule der Antike. Weil sie im Hain des Helden Akademos lag, wurde sie Akademie genannt. An dieser Schule unterrichteten dann neben ihm auch bedeutende Mathematiker der Zeit.

**Evergreens:**
»Der Anfang einer Sache ist bereits die Hälfte des Ganzen.«
»Lerne zuzuhören und du wirst auch von denjenigen Nutzen ziehen, die dummes Zeug reden.«
»Geh du hin und prügle ihn; ich bin zu zornig.«

**Wichtige Werke:** *Symposium*, *Politeia*, *Nomoi*

Und höhlt nicht auch die Tatsache, dass es ein Medium gibt, wo Straftaten kaum beziehungsweise nicht geahndet werden können, unser Rechtsempfinden aus? Was darf jeder auf seiner Homepage veröffentlichen? An diesem Punkt setzt ganz konkret die Eigenverantwortlichkeit jedes Einzelnen von uns ein.

## ➤ Der Blick in unseren eigenen Kopf

Seit etwa 30 Jahren tritt die Hirnforschung einen atemberaubenden Siegeszug an. So hat man durch bildgebende Verfahren eine zeitliche Differenz zwischen Hirnaktivität und bewusstem Entschluss nachgewiesen; zum Beispiel durch Experimente von Benjamin Libet: Er fand heraus, dass zwischen der bewussten Planung, den Arm zu bewegen, und der Aktivität der Hirnregion, die dafür zuständig ist, 300 Millisekunden lagen. Das heißt, die neuronalen Prozesse wissen vor der Person, was sie zu tun gedenken – damit stellt sich die Frage, ob die Willensfreiheit obsolet ist.
Das Ziel der Hirnforschung ist ehrgeizig: Die Funktion des Gehirns sowie der Nerven soll vollständig erkundet und verstanden werden. Mit dieser Untersuchung wird philosophisches Terrain berührt, denn unser Denken spielt sich, wie wir meinen, zweifellos im Inneren unseres Kopfes ab. Wenn wir daher imstande sind, das Gehirn zu erklären, dann könnten wir vielleicht nicht nur nachvollziehen, wie wir denken, sondern auch, was wir überhaupt zu denken fähig sind. Ließe sich damit vielleicht sogar aller philosophischer Streit schlichten? Natürlich ist keineswegs abgemacht, inwieweit wir die Gehirnfunktionen jemals vollständig erforschen können. Fraglich ist auch, ob wir nur über das Gehirn als »Materie« dem menschlichen Bewusstsein auf die Spur kommen und so die Persönlichkeit eines Menschen mit allem, was er fühlen und denken kann, besser verorten: Verstehen wir dann eher, was es heißt, Angst zu haben, sich zu freuen, zu lieben, zu zweifeln, zu planen oder Entscheidungen zu treffen? Manche Philosophen meinen, die Hirnforschung könne vielleicht sogar das uralte Leib-Seele-Problem, das im Kapitel 3 angesprochen wird, lösen. Die meisten bezweifeln dies jedoch. Trotzdem bleibt uns die Aussicht, noch spannende Wechselwirkungen zwischen dem körperlichen Geschehen und geistigen Vorgängen zu entdecken.

# Gesprächsthemen von gestern

**Wo beginnt in der Menschheitsgeschichte eigentlich die Philosophie? Sie setzt dort ein, wo Frauen und Männer anfangen, Mythen in Frage zu stellen. Diese nämlich waren die erste Antwort auf das Staunen und die Frage »Warum?« gewesen. Mythen hatten noch wenig mit Vernunft zu tun. Hinter dem Donner vermutete man Jupiters Grollen, und die Ackerfrüchte galten als Geschenke der Göttin Demeter. Schöne Geschichten, die für eine Weile die Neugier befriedigten. Etwa so, wie wenn Eltern ihren Kindern lieber erst vom Hasen erzählen, wenn diese nach Ostern fragen, anstatt sie mit den Gesetzmäßigkeiten des Naturkreislaufs oder dem Tod und der Auferstehung von Jesus Christus zu konfrontieren.**

**Mythen und Götter erklärten die Welt – griechisches Panthenonfries**

## Die Vorsokratiker

Der erste Mensch in Europa, von dem wir wissen, dass er sich nicht mit Mythen als Erklärung der Welt zufrieden gab, war Thales, ein Ingenieur aus Milet (625 bis 545 v. Chr.). Er und seine Nachfolger, die Vorsokratiker genannt werden, fragten vor allem nach dem Offensichtlichen, der Beschaffenheit der Welt. Woraus ist sie zusammengesetzt? Wie sieht sie aus? Wie entstehen Naturphänomene? Auf der Grundlage ihrer Gedanken fingen die Menschen an, nachzumessen und zu forschen.

## Die Entdeckung des Menschen

Die Frage nach dem Menschen kam in den griechischen Stadtstaaten auf. In der Demokratie waren alle freien Bürger am politischen Prozess beteiligt, und da Sklaven einen großen Teil der Arbeit verrichteten, blieb genug Zeit, sich Dingen wie der Philosophie und Politik zu widmen. Es gab sogar Berufsphilosophen, die Sophisten

FÜR BESSERWISSER

**Die Väter der Atome**

**Nach 2 500 Jahren wundern wir uns über viele vorsokratischen Theorien. Einige schienen den Zeitgenossen komisch, während sie uns naturwissenschaftlich informierten Menschen sehr hellsichtig vorkommen: Thales etwa behauptete, unser Körper bestehe aus Wasser, was ja größtenteils zutrifft. Anaximander (610 bis 546 v. Chr.) vertrat die Auffassung, die Erde sei ein im Raum schwebender Körper. Er ging jedoch von einem Zylinder aus. Am erstaunlichsten aber treffen die Ideen von Leukipp und Demokrit (beide 5. Jh. v. Chr.) ins Schwarze: Alle Dinge bestehen nur aus verschiedenen Anhäufungen von Atomen, erklären sie. Alle Veränderungen und Prozesse in der Welt sind eine Umgruppierung dieser kleinsten Naturbausteine.**

(Weisen), die den Bürgern gegen Geld das geistige Rüstzeug vermittelten, damit sie am öffentlichen Geschehen angemessen teilhaben konnten.

Die »großen Drei« der griechischen Antike dagegen, Sokrates (469 bis 399 v. Chr.), Platon (427 bis 347 v. Chr.) und Aristoteles (384 bis 322 v. Chr.) wurden nicht zuletzt deshalb zu Meilensteinen der Philosophie, weil sie sich mit der ganzen Bandbreite der philosophischen Themen beschäftigten, die auch ihre Nachfolger ins Grübeln brachten – und noch bringen. Die Schwerpunkte ihres Denkens lesen sich daher wie eine immer noch aktuelle umfassende Gliederung der Philosophie: In der Ethik stellten sie die Frage, wie der Einzelne leben soll. Die politische Philosophie legte die Grundlagen, wie ein Staatswesen organisiert sein muss. Mit der Erkenntnistheorie gingen sie dem Problem »Was kann ich eigentlich wissen?« auf den Grund. Im Rahmen der Metaphysik versuchten sie die Erkennbarkeit der Dinge zu bestimmen, die jenseits der physisch erfahrbaren Welt liegen. Die Logik diente als Basis, zu sicheren Erkenntnissen zu gelangen. Und in der Philosophie der Naturwissenschaften behandelten sie schließlich, woraus die Welt besteht.

**Das Denken im Wandel**

Die Akzente verschieben sich im Lauf der Zeit. Im Mittelalter steht Gott im Zentrum philosophischer Überlegungen, im 16. und 17. Jahrhundert setzt die naturwissenschaftliche Revolution neue Maß-

Auch Philosophen leben gefährlich – Sokrates starb durch den Giftbecher

stäbe. Das Individuum rückt in den Mittelpunkt des Interesses. Große Verdienste erwirbt sich die Philosophie, als es um die Reformation der absolutistischen Monarchien geht. Sie leitet die Aufklärung ein und entwirft Programme für einen modernen Staat, die noch heute Grundlage zahlreicher Verfassungen sind. Im 19. Jahrhundert beeinflusst sie sehr stark die Kunst, im 20. die Sozialwissenschaften. Die »Frankfurter Schule« um Horkheimer und Adorno leitet eine Auseinandersetzung mit dem Nationalsozialismus ein.

Verfolgt man die Geschichte der Philosophie, dann scheint sie Themen aufzugeben. Immer mehr Fragen, die ursprünglich die Philosophen stellten, beantworten nun die Wissenschaften, vorweg die Physik und Chemie, aber auch die Soziologie oder Psychologie. Trotzdem bleiben viele Fragen im Kern gleich, nur die Umstände ändern sich. Früher wollten die Menschen wissen: »Was bin ich, was ist der Mensch, angesichts der gewaltigen Natur?«, während sie heute erörtern, was sie angesichts der beherrschbaren Natur sind und gelten.

**FÜR BESSERWISSER**

### Mit Ratio gegen den Rationalismus

**Zuweilen ringt die Philosophie auch schwer mit ihrem eigenen Sinn. Friedrich Nietzsche etwa, fand alles menschliche Denken lächerlich, alle vermeintlichen Wahrheiten waren für ihn nur erstarrte Konventionen, alle Begriffe nur leere Floskeln, alle Rationalität Selbsttäuschung. Er predigte den instinktgeleiteten, vitalen »Herrenmenschen«. Dabei kam er selbst nicht von seinem Schreibtisch los, geißelte mit vielen schönen Worten die Hohlheit der Worte und suchte Seite um Seite vernünftige Argumente gegen den Rationalismus. Philosoph auf der einen Seite, war er auf der anderen ausgezeichneter Literat, der sogar Gedichte verfasste.**

# Die Klassiker unter den Denkern

**Die Grundlagen für die abendländische Philosophie haben im Grunde nur zwei Männer geschaffen: Platon und Aristoteles. Obwohl Aristoteles der Schüler Platons war, heben sich ihre Anschauungen in wesentlichen Punkten voneinander ab. Viele der späteren Philosophen können Sie danach unterscheiden, ob sie »platonischen« oder »aristotelischen« Ideen folgen. Aristoteles äußerte einmal selbst: »Platon ist mir teuer, doch teurer noch ist mir die Wahrheit.«**

**Platon gründete in Athen eine eigene Schule (Akademie), die sich mit der Pflege der Wissenschaften befasste**

### Platons Ideen

Das Kernstück von Platons Philosophie ist seine Ideenlehre. Dabei geht es ihm um die Frage, was wir erkennen können: Die Wirklichkeit, also die von uns wahrgenommenen Sachen, oder nur ihren Schein, also den Schatten der Dinge, welchen kein wirkliches Sein zukommt.
Der Philosoph ist überzeugt davon, dass wir Menschen das wahrhaft Wirkliche erkennen können. Es ist aber so schwer und schmerzhaft, wie er es in seinem *Höhlengleichnis* veranschaulicht, wo die festgebundenen Menschen den Schein (des Feuers) für die Wirklichkeit halten. Dies geschieht so lange, bis sie in der Höhle voller Angst und Schmerzen das Feuer, das die Schatten wirft, anschauen müssen – oder bis sie die Höhle verlassen und schließlich in die Sonne, das Licht der Erkenntnis, schauen müssen.

Den Beweis sieht Platon darin, dass wir »Ideen« von bestimmten

Dingen haben, die über das real Existierende hinausgehen. Wenn wir zum Beispiel ein auf einer eingezäunten Wiese ein großes braunes Tier mit vier Hufen, glattem Fell und langer Mähne sehen, dann erkennen wir es mit hoher Wahrscheinlichkeit als Pferd, obwohl die einzelnen Pferderassen sehr verschieden aussehen können. Wir haben auch eine Vorstellung von Tapferkeit, bevor wir je wirklich gezwungen waren, tapfer zu sein. Man hat also sowohl von objektiv sichtbaren Wahrnehmungen als auch von subjektiven, inneren Eigenschaften ein bestimmte Idee, sagt er.

Platon schließt aus diesen Vorannahmen, dass es eine ewige

## ➤ Die berühmten Außenseiter

**Nicht nur die großen Klassiker haben es zu Bekanntheit gebracht, auch die originellen Außenseiter sind den meisten Menschen zumindest ein Begriff. Zu den farbigsten Gestalten gehören sicherlich die Kyniker. Sie waren die Aussteiger der Antike. Sie lehnten alles ab, was den athenischen Staaten Stabilität verliehen hatte: Regierung, Privateigentum, Ehe und Staatsreligion. Mein oder dein, öffentlich oder privat, bekleidet oder nackt, alles nur unsinnige Konventionen, erklärte Diogenes (404 bis 323 v. Chr.). Er lebte auf einem Friedhof in einer Tonne und ernährte sich von Abfall. Die Athener nannten ihn *Kynikos* (Hund). Die Begebenheit, als Alexander der Große ihm zusagte, jeden Wunsch zu erfüllen und Diogenes entgegnete: »Geh mir aus der Sonne!«, ist vermutlich die bekannteste Anekdote der Philosophiegeschichte. Der deutsche Philosoph Peter Sloterdijk schreibt dazu: »Sie demonstriert mit einem Schlag, was die Antike unter philosophischer Weisheit versteht – nicht so sehr ein theoretisches Wissen als vielmehr einen unverführbaren, souveränen Geist.«**

FÜR BESSERWISSER

**Die Sache mit dem Sex**

Auch wenn Sie bis zu diesem Zeitpunkt nichts von Platon wussten, – von der platonischen Liebe haben Sie bestimmt schon einmal gehört. In Wahrheit hatte Platon jedoch nichts gegen den Sex. Er hat das Wort »Eros«, das für die sinnliche Liebe steht, lediglich etwas weiter gefasst. Nach Platon gibt es eine erotische Rangfolge, bei der keine Stufe ausgelassen werden darf: sinnlicher Eros zu einem schönen Menschen, ästhetischer Eros zu allen schönen Gestalten, ethischer Eros zu schönen Sitten und Handlungen, geistiger Eros zur Wissenschaft und schließlich der Eros zur Idee des Guten, dem »göttlich Schönen selbst«.

Welt der Ideen, gewissermaßen Musterbilder, gibt, die der physischen Welt mit ihren vergänglichen Einzeldingen, die die Ideen nur abbilden, entgegengesetzt ist. Die menschliche Seele ist seiner Auffassung nach ein Teil dieser Ideenwelt. Alles Lernen, alle Philosophie und Erkenntnis bedeuten deshalb, die Seele dazu zu bringen, sich an diese Ideen zu erinnern. So können wir Wesen, die der Idee »Pferd« ähneln, als pferdeartig identifizieren und Handlungen, die der Idee »Tapferkeit« entsprechen, als tapfer beschreiben.

## Das Gute ist das Ideal

Die höchste aller Ideen ist die des »Guten«. Wenn wir das »Gute« erkannt haben, davon ist er überzeugt, dann werden wir es auch tun. Denn jeder Mensch strebt nach Glück, und wahres Glück entsteht einzig und allein durch das Gute. Bosheit bedeutet in diesem Zusammenhang mangelnde Einsicht in die Idee des Guten.

Die physische Welt aber ändert sich ständig und ist darüber hinaus noch vergänglich. Eine gesicherte Erkenntnis über sie können wir deshalb nicht erlangen, allenfalls mehr oder weniger gut begründete Meinungen.

Die Vorstellung, dass die wahren Werte nicht in der physischen, sondern in einer geistigen Welt zu finden sind, übte auf die christlichen Denker eine große Faszination aus. Platon »passte« so gut zu diesem religiösen Weltbild, dass man ihn zu einer Art christlichem Philosophen »ehrenhalber« ernannte und für seine anderen Lehren, wie die

»Staatstheorie«, sehr empfänglich war. Aber auch für die Philosophie der beiden anderen monotheistischen Religionen, Judentum und Islam, spielte Platon eine bedeutende Rolle.

### Das Wissen um die Ursache

Der Wert der Erfahrung bei Aristoteles unterscheidet sich von der des Platon – Aristoteles verwarf die Ideenlehre des Platon. Wir sollten nie Erklärungen akzeptieren, die die Gültigkeit unserer Erfahrungen in Frage stellen, warnt er. Letztendlich gebe es keinen Gegensatz zwischen materieller und ideeller Welt. Beides gehöre untrennbar zusammen. Ein Pferd erkennen wir nach Aristoteles als Pferd, weil ihm ein spezifisches Entwicklungs- und Wachstumsmuster gegeben ist, das es zum Pferd macht.

Er führt den Begriff der Kausalität in die Philosophie ein, gemeint ist damit das Verhältnis von Ursache und Wirkung. Jedes Ding ist auf seine Ursachen zurückzuführen: auf die Materialursache, Wirkursache, Formalursache und Zweckursache. Ein Pferd ist also aus »Pferdematerial« gemacht, es ist von Pferden gezeugt worden, es entspricht der Gattung Pferd und es trägt die Bestimmung in sich, ein Pferd zu sein.

Auch die Seele gehört für Aristoteles untrennbar zum Körper. Sie ist kein Produkt aus der Ideenwelt, das lediglich für eine Weile zwischen Haut und Knochen gefangen ist. Diese Vorstellung führt dazu, dass er bereits psychologische Überlegungen anstellt. Die Seele ist bei ihm Träger vitaler Funktionen, unter anderem auch des Denkens. Aber das aktive Denken, so formuliert er es in seinen Texten zur Ideenlehre, setze auch ein physisches, passives Denken voraus, also letztendlich Erfahrung. »Nichts existiert im Denken, was nicht schon vorher in den Sinnen existiert hätte«, schreibt er.

Damit tritt er einen Konflikt los, der sich durch die ganze Philosophiegeschichte zieht. Womit erkennen wir primär – mit der Erfahrung oder dem Verstand? Wo ist die Wahrheit zu finden – in dieser Welt oder »dahinter«? Womit soll sich die Philosophie beschäftigen – mit den abstrakten Ideen oder der Welt, in der wir leben?

# Aristoteles (384 bis 322 v. Chr.)

Der Meisterschüler des Platon war ein Mann von Welt. Geboren als Sohn des Leibarztes von König Philipp II. in Makedonien, mit 17 Jahren an Platons berühmte Akademie geschickt, verheiratet mit einer Nichte des – zugegebenermaßen nicht allzu bedeutenden – Herrschers Hermias von Atarneus, Erzieher Alexanders des Großen. Man kann darüber streiten, ob er der größte Philosoph aller Zeiten ist, den Titel des vielseitigsten jedoch dürfte ihm keiner streitig machen.

**Aristoteles und sein Schüler Alexander der Große beim Unterricht**

Er begründete die Logik. Er schrieb die ersten Abhandlungen über die Metaphysik. Daneben beschäftigte er sich mit Naturphilosophie, Ethik, Politologie und Poetik. Überhaupt ist er der erste, der zwischen verschiedenen Disziplinen der Philosophie unterscheidet und auch innerhalb der einzelnen Fachgebiete strebt er nach Systematik. Er führt eine Unzahl von Fachbegriffen ein, die wir heute noch gebrauchen, zum Beispiel »Energie« oder »Dynamik«. Darüber hinaus beschäftigt er sich mit Ökonomie, Physik, Psychologie, Meteorologie und Zoologie.

Im Gegensatz zu Platon ist er der praktischere, erdgebundenere. Trotz 14 Bänden *Metaphysik* befasst er sich weniger mit Ideen und Utopien als mit der Realität, die uns umgibt. Philosophieren, so meint Aristoteles, könnten wir nur über die Welt, in der wir leben. Das philosophische Staunen macht er an konkreten Dingen fest. Wir sollten nie Erklärungen akzeptieren, die die Gültigkeit unserer Erfahrungen in Frage stellen, warnt er.

In seiner *Ethik*, die er seinem Sohn Nikomachus gewidmet hat, prägt Aristoteles die Vorstellung vom goldenen Mittelweg. Tugendhaftes Verhalten, schreibt er, liege in der Mitte zwischen zwei Extremen. Großzügigkeit zwischen Verschwendung und Geiz, Tapferkeit zwischen Tollkühnheit und Feigheit. Ein glückliches erfülltes Leben sei von Vernunft und Mäßigung erfüllt. Allerdings sei erwähnt, dass dies nur für erwachsene, griechische Männer galt. Nach der damaligen Auffassung waren Frauen, Kinder und Barbaren (Nichtgriechen) nicht in der Lage, die vollkommene Tugend zu erlangen. Die Grenzen waren nach antiker Ansicht deutlich abgesteckt: Nur Männer waren zum Herrschen bestimmt.

Wie Sokrates wird auch Aristoteles von den Athenern der Gottlosigkeit beschuldigt. Um zu verhindern, dass diese sich ein zweites Mal gegen die Philosophie versündigen, wie er es ausdrückt, wandert er nach Chalkis aus, wo er ein Jahr später stirbt.

Von seinen rund 170 Werken sind nur 47 erhalten geblieben, und auch das nur in Form von Vorlesungsnotizen, die zum Teil von seinen Schülern stammen. Von seinem vielgerühmten literarischen Stil, den Cicero einen »Strom aus Gold« nannte, können wir uns kein Bild mehr machen, denn seine esoterischen Schriften, also seine publizierten Vorträge über schwierige Themen, sind nicht bis in die Gegenwart überliefert worden – sie wurden immer weniger gelesen und sind im Laufe der Zeit verloren gegangen. Die exoterischen Werke hingegen, das heißt seine populär gehaltenen Dialoge, sind durch einen bloßen Zufall erhalten: Aristoteles überließ seinem Nachfolger Theophrast seine Manuskripte. Diese sind in der Folge durch viele Hände gegangen bis sie schließlich als Kriegsbeute nach Athen gelangten und dort veröffentlicht worden sind.

**Evergreens:**

»Manche sind durch ihren Reichtum zugrunde gegangen.«

»Glück zu ertragen ist nicht jedermanns Sache.«

»Die Rede ist die Kunst, Glauben zu erwecken.«

**Wichtige Werke:** *Organon, Metaphysik, Nikomachische Ethik, Politik, Poetik, Zweite Analytiken*

# Wie wurde außerhalb Europas philosophiert?

**Die Kultur der westlichen Industrienationen, also Europas und Nordamerikas, ist unverkennbar durch die abendländische Philosophie geprägt. Doch selbstverständlich hat man zu allen Zeiten und bei allen Völkern philosophiert. Besondere Bedeutung haben die östlichen Schulen. Lange Zeit haben sie sich völlig losgelöst vom westlichen Denken entwickelt. Heute jedoch sind die Grenzen fließend. So hat China den Marxismus übernommen, und wir beschäftigen uns mit den Prinzipien von Yin und Yang.**

## Die östliche Philosophie

Natürlich stellt auch die östliche Philosophie – genau wie die abendländisch-westliche Philosopie – keine Einheit dar. Am wichtigsten und bekanntesten sind die geistigen Strömungen aus China und Indien. In diesen beiden Ländern ist im Laufe der Geschichte schon früh eine Erkenntnisform entstanden, die die Gesellschaft bis in die Moderne hinein geprägt hat. Dabei haben sich die Grundlagen über die Jahrhunderte hinweg kaum verändert. Während die Philosophen im Westen immer auf der Suche nach etwas Neuem waren und in diesem Zusammenhang die alten Denker in Frage gestellt haben, bauten ihre Kollegen im Osten auf den bestehenden klassischen Schriften auf und ergänzten diese.

**Das chinesische Kaisertum war eng verflochten mit der Staatsphilosopie des Konfuzianismus**

## Die fünf Tugenden des Konfuzius

In China fiel die Entstehung der

Philosophie mit einer Zeit großer Unruhen in den Einzelstaaten zusammen. Einerseits gab es zahllose Fehden zwischen den mächtigen Fürsten, wobei sich die Machtverhältnisse stark verschoben. Andererseits veränderten Wirtschaft und Handel zunehmend die landwirtschaftlich geprägte Gesellschaft. Inmitten dieser Wirren versuchten die chinesischen Philosophen mit ihren Ideen die geistige Grundlage für eine soziale Neuordnung zu schaffen.

In der geistigen Auseinandersetzung jener Zeit war ein Mann entscheidend: Kong Qiu (551 bis 479 v. Chr.), der Meister Kong (Kong Fu Zi) genannt wurde und im Westen im Allgemeinen als Konfuzius bekannt ist. Seine Lehre beruht auf fünf Tugenden: der Rechtschaffenheit, der Sittlichkeit, der Aufrichtigkeit, der Ehrfurcht vor den Älteren und vor allem dem »jen«, was soviel wie Güte oder Menschenliebe bedeutet. Wenn nur jeder Einzelne diese Tugenden pflegen würde, meint Konfuzius, dann könnte die Harmonie in Familie, Gesellschaft und Staat wiederhergestellt werden. Seine Goldene

## ➤ Der chinesische Machiavelli

**Im Gegensatz zu Konfuzius glaubt Han Feizi (3. Jh. v. Chr.) nicht, dass der Mensch von sich aus zur Tugend fähig ist. Nur strenge Gesetze, so predigt er, harte Strafen bei Übertretung und ständige Überwachung garantierten eine stabile Gesellschaft. Er reist sogar extra in den rückständigen Staat Ch'in, um dessen Herrscher Cheng seine Ideen vorzustellen. Doch die Reise bekommt ihm schlecht. Der Erste Minister von Ch'in zwingt den Philosophen, Gift zu trinken, weil er sich vor dessen Einfluss fürchtet. Fürst Cheng (259 bis 210 v. Chr.) jedoch erobert bald darauf ganz China, wird unter dem Namen Shih Huang-ti erster Kaiser und stützt seine Herrschaft auf die Ratschläge des Han Feizi, die unter dem Namen Legalismus in die chinesische Philosophie eingehen. Alle älteren philosophischen Schriften, insbesondere die Schriften von Konfuzius, lässt der Kaiser verbrennen, um seine Machtstellung nicht zu gefährden. Doch einige Exemplare bleiben erhalten und nach dem Tod des Shih Huang-ti kommt Meister Kong schnell wieder zu Ehren.**

**Mit dem Sturz des letzten chinesischen Kaisers Pu-Yi öffnete sich das Reich der Mitte westlichen Gedanken**

Regel kennt auch hier und heute jeder: »Was du nicht willst, dass man dir tut, das füg auch keinem anderen zu.«

### Die Beständigkeit der konfuzianischen Staatslehre

Der Konfuzianismus ist für eine sehr lange Zeit, nämlich über 2 000 Jahre lang, Chinas Staatsphilosophie. Für diese Beständigkeit gibt es zwei Gründe: Erstens richtet Kaiser Wu-di (156 bis 87 v. Chr.) eine Universität ein, wo alle Beamtenanwärter seines riesigen Reiches die Schriften des großen Meisters studieren müssen, bevor sie in den Staatsdienst übernommen werden. Dieser Lehrplan ändert sich bis ins 20. Jahrhundert hinein nur an sehr wenigen Stellen. Zweitens gelingt es den chinesischen Philosophen, alle anderen Ideen in den Konfuzianismus zu integrieren.

Dies ist zum Beispiel der Fall beim Taoismus des Lao-tse (wohl 6. Jh. v. Chr.). Diese Strömung beruht auf dem Gedanken, dass es einen natürlichen Weg (Tao) gibt, dem die Menschen nur zu folgen brauchen, um in perfekter Harmonie mit ihrer Umwelt und den Mitmenschen zu leben. Auch Yin und Yang, die ewigen Gegensätze von Weiblich und Männlich, Hell und Dunkel und so fort, die nach Ansicht der naturalistischen Schule (4. Jh. v. Chr.) Grundprinzip allen Lebens sind, werden problemlos aufgenommen und in die konfuzianischen Lehren eingegliedert. Der Grund dafür ist einfach: Keine dieser Ideen rührt an Konfuzius Forderung nach einem tugendhaften Leben.

Erst nach dem Sturz des letzten Kaisers im Jahre 1912 gelangen plötzlich die westlichen Philosophien ins Reich der Mitte. Die wirtschaftlichen Probleme, die die politischen Umwälzungen hinterlassen haben, sorgen dafür, dass die Lehren von Karl Marx in kürzester Zeit populär und 1949 zur neuen Staatsphilosophie werden.

### Der Erkenntnisweg des Yoga

Was in China die Schriften des Konfuzius sind, sind in Indien die *Veden* (Heilige Schriften), die ab 1500 v. Chr. entstehen. In ihnen wird allmählich das hinduistische Weltbild mit den Vorstellungen von Wiedergeburt, Seelenwanderung und Karma entwickelt. Der zentrale Gedanke dabei ist: Was wir mit unseren Sinnen wahrnehmen, ist nicht die wirkliche Welt, sondern nur eine Illusion. Die Wahrheit liegt dahinter. Diese zu erkennen und sich von allem Ungöttlichen, Irdischen zu befreien, ist das Ziel des Lebens.

In den so genannten *Jüngeren Upanishaden*, Schriften, die ab 500 v. Chr. entstehen, werden sechs orthodoxe Systeme der Philosophie formuliert. Sie alle dienen als Wege zur Erkenntnis und damit auch zur Erlösung. Das *Yogasutra* zum Beispiel lehrt, wie diese Erkenntnis mithilfe von Yogaübungen und Meditation erlangt werden kann.

**FÜR BESSERWISSER**

#### Eine verborgene Seite Schopenhauers

**Der erste westliche Philosoph, der sich mit dem östlichen Denken befasste, war Arthur Schopenhauer (1788–1860). In Weimar hatte ihn ein Indologe auf die hinduistische Schrift, die vom Ursprung der Welt handelt, aufmerksam gemacht – danach soll er jeden Abend vor dem Einschlafen in den *Upanishaden* gelesen haben. Sie wurden ihm, wie er selbst sagte, zum »Trost seines Lebens«.**

### Der befruchtende Geist arabischer Denker

Dagegen standen die islamischen und jüdischen Denker schon im Mittelalter in engem Austausch mit ihren abendländisch-christlichen Kollegen. Alle drei philosophischen Gruppierungen hatten das gleiche Problem: Wie können die Menschen die göttliche Wahrheit erkennen? Durch ihren Verstand oder die Lehren der Religion?

Die Araber entdecken dabei die antiken Philosophen erneut. Im

9. Jahrhundert übersetzen sie die Werke von Aristoteles. In der Auseinandersetzung mit den antiken Meistern kommen sie allmählich zu der Überzeugung: Der Verstand, und nicht der Wortlaut der heiligen Schrift, des *Koran*, ist das – von Gott gegebene – Werkzeug der Erkenntnis.

Diese Ansichten stoßen natürlich auf den Widerspruch der Theologen. Der iranische Gelehrte Abu Hamid Muhammad Al-Ghazali (1085–1111) leitet schließlich mit seiner Streitschrift *Die Wiederbelebung der religiösen Wissenschaft* das Ende des arabischen Rationalismus ein.

**Arthur Schopenhauer fand in der östlichen Philosophie den »Trost seines Lebens«**

FÜR BESSERWISSER

### Therapie für den Geist

**Einige der wichtigsten arabischen und jüdischen Philosophen wie Avicenna oder Moses Maimonides (1135–1204) waren angesehene Ärzte. Die Suche nach den körperlichen und geistigen Geheimnissen des Lebens gehörte für sie zusammen. Avicenna sah die Philosophie als Läuterung des Geistes von schädlichen Irrtümern an. *Buch der Genesung der Seele* heißt sein 18-bändiges Hauptwerk. Aber auch von der Heilung des Körpers verstand er viel. Sein *Kanon der Medizin* übte jahrhundertlang einen großen Einfluss auf die europäische Heilkunst aus.**

Doch auf die europäischen Philosophen üben dessen Werke weiterhin einen großen Einfluss aus. Vor allem der persische Arzt und Philosoph Ibn Sina (980–1037), im Westen Avicenna genannt, ist Wegbereiter für einen der größten mittelalterlichen Philosophen: Thomas von Aquin (um 1225–1274).

Außerdem machen erst die arabischen Denker ihre europäischen Kollegen wieder mit der Philosophie der Antike, vor allem mit Aristoteles, bekannt. Die abendländische Geistesgeschichte nimmt hier einen Umweg über Nahost.

# Graue Theorie

Schon Aristoteles, der als Erster die Erkenntnisbereiche der Philosophie in einzelne Bereiche wie Metaphysik oder Ethik einteilte, hat zwischen theoretischer und praktischer Philosophie unterschieden. Während die praktische Philosophie um die verschiedenen Gebiete unseres alltäglichen Lebens kreist, befasst sich die theoretische Philosophie mit dem Wissen an sich. Was können wir überhaupt wissen? Wann ist Wissen wirklich Wissen? Mit welchen Methoden kommen wir zu Wissen? Die theoretische Philosophie will verstehen, die praktische fragt, was man konkret tun soll. Allerdings ist die Abgrenzung nicht immer eindeutig.

Die alten Griechen verstanden Philosophie als reine Theorie. »Begann man also zu philosophieren, um der Unkenntnis zu entfliehen«, schreibt Aristoteles in seiner *Metaphysik*, »so suchte man offenbar das Verstehen um des Wissens willen, keineswegs aber wegen irgendeines Nutzens. Das bezeugt auch der Gang der Dinge, denn erst, als alles zum Leben Notwendige vorhanden war und alles, was das Leben erleichtert, begann man, nach der Erkenntnis zustreben. Offenbar also suchen wir sie nicht aus irgendeinem sonstigen Bedürfnis, sondern – wie wir sagen, dass der Mensch nur frei ist, der um seiner selbst und nicht um eines anderen willen lebt – so ist allein dieses Wissen frei, denn es trägt seinen Zweck in sich selbst.«

# Auf den Standpunkt kommt es an – Denken und Methoden

**Der Chemiker, der einen Versuch ausführt, muss sich an bestimmte Regeln und Abläufe halten. Ebenso ist der Soziologe, der eine statistisch aussagekräftige Erhebung machen will, den Methoden seines Faches unterworfen, und der Mediziner darf sich schon gar nicht von seinen spontanen Eingebungen leiten lassen, wenn er bei einer Operation das Skalpell ansetzt. In gleicher Art hat auch die Philosophie ihre Methoden.**

## Die Anwendung von Methoden

Die Festlegung, dass auch die Philsophie ihre eigenen Verfahren besitzt, mit denen sie zu Erkenntnissen gelangt, ist in der philosophischen Wissenschaft nicht unumstritten. Gelegentlich taucht der Vorwurf auf, mit diesen Methoden würden neue Wege der Erkenntnis verhindert werden. Tatsächlich ist aber nicht von der Hand zu weisen, dass kluge Köpfe immer wieder neue Denkweisen ins Spiel bringen.

**Friedrich Schleiermacher übersetzte Platons Werke**

## Kreislauf des Verstehens

Zu den wichtigsten Werkzeugen der Philosophie gehört die Auseinandersetzung mit dem, was andere Philosophen bereits gedacht haben. Es ist sicherlich kein Zufall, dass sich im 7. und 6. Jahrhundert v. Chr. im kleinasiatischen Milet ein regelrechtes Nest an Naturphilosophen findet, wenig später ein anderes im süditalienischen Elea und schließlich in Athen kurz nacheinander mit Sokrates, Platon und Aristoteles drei der bedeutendsten Philosophen der

FÜR BESSERWISSER

**Nobelpreisträger und andere Meister der schönen Worte**

Auch viele Schriftsteller betrachten die Welt mit philosophisch-staunendem Blick. Deshalb können auch literarische Texte Impulse zum Philosophieren geben, zumal viele Denker auch herausragende Autoren waren wie Voltaire, Rousseau, Schopenhauer, Nietzsche, Kierkegaard oder Simone de Beauvoir. Einige haben sogar den Literatur-Nobelpreis entgegengenommen: Der erste asiatische Preisträger für Literatur war Rabindranath Tagore (1861–1941), zu nennen sind außerdem Bertrand Russell, Henri Bergson (1859–1941) und Albert Camus (1913–1969). Jean-Paul Sartre (1905–1980) hätte den Preis 1964 bekommen sollen, lehnte ihn jedoch ab.

Geschichte auftreten. Auch in der späteren Philosophiegeschichte sind deutlich Netzwerke zu erkennen, die zeigen, wer der Schüler von wem war und welcher Philosoph andere beeinflusst oder kritisiert hat.

Philosophische Texte zu lesen, über deren Inhalte nachzudenken, sich selbst ein Urteil zu bilden und darauf aufbauend etwas Eigenes zu schaffen, gehört zu den wichtigen und anerkannten Methoden der Philosophie.

**Vor allem durch sein schriftstellerisches Werk wurde Voltaire zum wichtigsten Vertreter der Aufklärung**

Die Grundregel für das Verstehen von Texten stammt von den deutschen Philosophen Friedrich Schleiermacher (1768–1834) und Hans-Georg Gadamer (1900–2002). Sie wird »Hermeneutischer Zirkel« genannt.

Die Hermeneutik ist die Lehre von den Regeln des Verstehens. Dieses Verstehen, so Schleiermacher und Gadamer, erfolgt in einem kreisenden Prozess. Wir gehen jedes Mal mit einem Vorverständnis oder einer Vormeinung an einen bestimmten Text heran. Damit ist alles andere als ein Vorurteil gemeint. Denn wer sich ein Vorurteil gebildet hat, der ist nicht mehr offen für eine Veränderung seiner Meinung. Doch gerade auf diese Offenheit kommt es diesem Zusammenhang an.

Werden Sie selbst zum Philosophen: Sie lesen einen Text, nehmen danach Abstand und lassen das Gelesene in sich arbeiten. Nach einer gewissen Zeit kommen Sie wieder auf den Text zurück. Der Philosoph setzt seine eigene Meinung, sein Vorverständnis, also immer wieder fremden Reizen aus, und versucht daraus neue Erkenntnisse zu gewinnen. »Vorverständnis« und »Verständnis« treten in Wechselwirkung. Jeder Schritt hin und her weitet den Horizont des Verstehens.

### Die Erkenntnis durch Dialog und Sprache

Seit Sokrates gehört auch die Kunst des argumentierenden Gesprächs zu den Methoden der Philosophie. Ähnlich wie beim hermeneutischen Zirkel ein Gedanke durch das Wechselspiel zwischen

### ➤ »Die Entdeckung der schwarzen Schwäne«

**Techniken der Argumentation sind die Induktion und die Deduktion. Bei der Deduktion wird von einer allgemeinen Aussage auf einen konkreten Fall geschlossen. Ein einfaches Beispiel: Weil alle Menschen sterblich sind und Sokrates zu den Mensch zählt, war also auch er sterblich. Auf diese Weise werden sichere Erkenntnisse möglich. Anders bei der Induktion. Hier schließt man von einer Einzelaussage auf allgemeine Phänomene. Weil beispielsweise alle bis dato beobachteten Schwäne weiß waren, kann man folgern, dass alle weiß sind. Diese Erkenntnis ist natürlich nur eine Annahme (Hypothese). Wenn eine Hypothese aber gut begründet ist, dann kann man bis zu einem gewissen Grad damit arbeiten, als ob sie wahr wäre. Man darf nur nie aus den Augen verlieren, dass sie eben nur eine Annahme ist, die man durch weitere Beobachtungen verifizieren (in ihrem Wahrheitsgehalt bestätigen) oder falsifizieren (widerlegen) muss. Die Hypothese von den weißen Schwänen war mit der Entdeckung Australiens und Neuseelands hinfällig. Die Bereitschaft, sich durch neue Erkenntnisse korrigieren zu lassen, gehört unabdingbar zu jeder Wissenschaft. Auch zur Philosophie.**

Lesen und Nachdenken immer weiter entwickelt wird, geschieht das beim argumentierenden Gespräch (Dialog) in Rede und Gegenrede. Überzeugungen werden in Frage gestellt, geprüft, verworfen, neu formuliert, wieder geprüft und so fort. Nächtelange philosophische Gespräche beim Rotwein können also durchaus wissenschaftlichen Kriterien genügen.

Eng mit dem Dialog in Verbindung steht die Methode der Sprachuntersuchung. Sie kann ein Weg zum Verstehen sein, indem man beispielsweise zu begreifen versucht, wie Sprache sich zusammensetzt und auf die Menschen wirkt. Oft ist es auch wichtig, einen Begriff erst genau zu definieren, um damit arbeiten zu können. Denn viele Wörter haben in unserer Alltagssprache vage oder mehrschichtige Bedeutungen. Für eine saubere philosophische Argumentation aber muss absolut klar sein, was mit dem Begriff gemeint ist.

### Der Maßstab der Erkenntnis

Wer meint, zu einer philosophischen Erkenntnis gekommen zu sein, sollte sich immer drei Fragen stellen:

Zum einen nämlich, ob alle Dinge logisch miteinander vereinbar sind. Denn dann liegt »Kohärenz« vor. »Komplettheit« ist erreicht, wenn Sie alles Relevante zu diesem Thema bedacht haben. Können Sie schließlich genügend Beweise für die Wahrheit vorbringen, dürfte Ihre Einsicht »korrekt« sein.

Ein Kapitel über die Methoden der Philosophie sollte allerdings nicht schließen, ohne noch einmal das Staunen aufzunehmen. Philosophie lebt davon, gründlich und umfassend zu schauen sowie offen für alles zu sein, was es in der Welt zu entdecken gibt: in der Natur, im Individuum, in der Gesellschaft, im Staat. Philosophen sind Menschen, die sich noch wundern können. Platon ist hierfür ein guter Lehrer, aber auch Hegel und Kant stehen ihm in nichts nach. Einer der schönsten Sätze Kants aus der *Kritik der praktischen Vernunft* lautet: »Zwei Dinge erfüllen das Gemüt mit immer neuer und zunehmender Bewunderung und Ehrfurcht, je öfter und anhaltender sich das Nachdenken damit beschäftigt: Der bestirnte Himmel über mir und das moralische Gesetz in mir.«

## Thomas von Aquin (1225–1274)

Als der 18-jährige Sohn des Grafen von Aquino, Student an der Universität Bologna, als einfacher Mönch dem neu gegründeten, der Armut als auch der Wissenschaft verpflichteten Orden der Dominikaner beitrat, kannte seine Familie, die sehr kaisertreu war, keinen Spaß. Sein Bruder entführte ihn und sperrte ihn dann im elterlichen Schloss Roccasecca ein – wenn auch zusammen mit einer hübschen Frau. Dennoch ließ sich der gläubige Thomas durch die weltlichen Freuden nicht in Versuchung führen. Nach einem ganzen Jahr Hausarrest konnte er schließlich mit der Hilfe seiner Schwester fliehen und wieder in den Orden zurückkehren.

Doch beim einfachen Mönch blieb es nicht lang. Thomas wird in Köln Schüler des berühmten Albertus Magnus. Besonderen Charme scheint er allerdings in seinen Studienjahren nicht verbreitet zu haben. Er bekam den Spitznamen »Der stumme Ochse« verpasst. Seiner Karriere schadete das jedoch nicht. Er wird zunächst Dozent an der berühmten Sorbonne in Paris, lehrt später in Köln, Bologna, Neapel, Rom und sogar am päpstlichen Hof. Seine theologischen Vorlesungen und Disputationen werden von den Studenten in Scharen besucht.

Während die Ideen Platons schon durch den Kirchenvater Augustinus (354–430) Eingang in die christliche Philosophie gefunden hatten, macht Thomas die Ideen des Aristoteles in kirchlichen Kreisen salonfähig, indem zu einem seiner Werke einen Kommentar schreibt. Sein Ziel ist es, der Theologie den Charakter einer Wissenschaft zu geben, dazu zieht Thomas antike Texte, aber auch jüdische und islamische Quellen heran.

Mit seinem Wälzer *Summa theologica (Summe der Theologie)* erstellt er eine Synthese aus allen wichtigen Philosophien der Zeit und zeigt, dass sie durchaus mit dem christlichen Glauben vereinbar sind. Der Inhalt ist dabei in Disputationen unterteilt. Jedes Thema wird von den verschiedenen Standpunkten aus erörtert.

Dabei trennt er immer säuberlich zwischen Vernunft und Glauben, Philosophie und Religion. Es gebe Wahrheiten, die der Vernunft zugänglich seien, und Wahrheiten, die sich nur aus dem Glauben erschließen. Anfang und Ende der Welt beispielsweise, so führt er aus, ließen sich vernunftmäßig nicht erklären. Hier glaube er als Christ an Gottes Werk. Die Vernunft bezeichnete er zwar nur als Vorstufe des Glaubens, trat aber ein konkreter Widerspruch zwischen beiden auf, dann entschied er sich doch eher für die Vernunft. Sogar die Existenz Gottes meinte er, auf rationalem Wege beweisen zu können. Er verfasste fünf Beweise, die darauf hinauslaufen, dass alles einen Anfang haben muss. Dieser ist für ihn Gott.

Thomas hat es geschafft, die Philosophie in den christlichen Glauben zu bringen, ohne die Allmachtstellung Gottes anzugreifen. Dafür wurde er von der christlichen Kirche zum bedeutendsten Kirchenlehrer erhoben. Das führte dazu, dass auch problematische Positionen aus seinen Schriften den Charakter eines Dogmas bekamen und nicht mehr in Frage gestellt wurden. So predigte Thomas zum Beispiel den Gehorsam gegenüber der Obrigkeit und hatte eine äußerst geringe Meinung von Frauen. Viel von der Frauenfeindlichkeit der katholischen Kirche geht auf ihn zurück.

Am 6. Dezember 1273 hatte Thomas von Aquin während einer Messe ein Erlebnis, das manche als Vision, andere als Nervenzusammenbruch deuten. Er bricht seine *Summa theologica* ab. »Ich kann nicht mehr«, sagt er, »denn alles, was ich geschrieben habe, scheint mir wie Stroh zu sein.« Vier Monate später stirbt er auf dem Weg zum Konzil von Trient. 1323 wird er heilig gesprochen.

**Evergreens:**

»Trägheit macht traurig.«

»Die Seele wird durch ihre Taten erkannt.«

»Das Ziel ist in der Verwirklichung das Letzte, das Erste aber in der Absicht der Vernunft.«

**Wichtige Werke:** *Summe der Theologie, Summe gegen die Heiden*

# Von Formen und Gesetzmäßigkeiten des Denkens – Logik

**Es ergibt sich von selbst, dass die Logik eine der strengsten wissenschaftlichen Disziplinen überhaupt ist. Dagegen ist unser Alltagsgebrauch des Wortes »logisch« äußerst schwammig. »Na, logisch«, sagen wir zum Beispiel, wenn uns jemand fragt, ob er sich auf unsere Zusage verlassen kann. Ein Wissenschaftler würde uns hingegen darauf verweisen, dass Logik in diesem Fall ganz und gar unmöglich ist. Wir könnten dem anderen höchstens versichern, dass wir uns um Verlässlichkeit bemühen werden.**

## Die Klarheit der Platzhalter

Die Logik sucht als Lehre der Folgerichtigkeit nach allgemein gültigen Gesetzen, die, vorausgesetzt, sie werden richtig angewendet, zwangsläufig zu wahren Aussagen führen. Eine Sache muss also mit unumstößlicher Gewissheit aus der anderen folgen, wenn bestimmte – logische – Regeln eingehalten worden sind und man sich auf wahre und vernünftige Aussagen stützt. Wer jedoch gegen diese Regeln verstößt, verstrickt sich ebenso zwangsläufig in Widersprüchen. Logik ist ein Mechanismus, der vollkommen unabhängig von unseren Gefühlen ist. Die in der Antike begründete Lehre dient als Grundlage jedes menschlichen Denkens: Während es beim hermeneutischen Zirkel auf unser Bemühen, Verstehen und unsere Intuition ankommt, tritt dies bei der Logik in den Hintergrund. Sie ist sogar von Inhalten unabhängig.

**Aristoteles gehört neben Platon zu den Gründungsvätern der Philosophie**

Das lässt sich an einem Beispiel von Aristoteles, der zu seiner Zeit bereits nach Beweisen suchte, zeigen:

- Jede Bewegung wird durch eine Ursache ausgelöst.
- Die Welt ist in Bewegung.
- Also muss es folgerichtig auch eine Ursache für die Bewegung der Welt geben.

Diese logische Schlussfolgerung lässt sich auch folgendermaßen schreiben:

- Jedes A wird durch ein B ausgelöst.
- C ist in A.
- Also muss es auch ein B für das A von C geben.

Die Wissenschaftler benutzen solche Platzhalter, um – besonders bei komplizierteren Dingen – mehr Klarheit zu bekommen. Oft erscheinen die einzelnen Gedanken plausibel, aber die Reduzierung auf die bloßen Zeichen zeigt, dass ein oder auch mehrere Denkfehler vorliegen.

Lesen Sie dazu ein zweites Beispiel:

- Immer wenn die Laborratte das Glöckchen bewegt, erhält sie ein Käsestück.
- Die Ratte bekommt ein Stück vom Käse.
- Also hat sie mit dem Glöckchen geklingelt.

Das mag zunächst logisch erscheinen.

In Platzhaltern ausgedrückt, hieße das:

- Wenn A, dann B.
- Jetzt B.
- Also A.

Plötzlich merkt man, dass der Umkehrschluss »Weil auf A immer B folgt, muss B auch immer A vorangegangen sein« ganz und gar nicht mehr logisch klingt. So könnte beispielsweise die kleine Tochter des Laboranten heimlich die Ratte gefüttert haben, weil sie ihr leid tat.

### FÜR BESSERWISSER

**Wer rasiert den Barbier?**

**In einer Stadt rasiert der Barbier alle Männer, die sich nicht selbst rasieren wollen. Wer aber schert nun dem Barbier den Bart? Macht er es selbst oder kommt ein anderer zu Hilfe?**

**Diese Frage beziehungsweise Aufgabe kann nicht gelöst werden, weil sie den Regeln der Logik widerspricht. In der Mengenlehre, so Russell, enthält die Menge nicht sich selbst als Element. Also darf die Menge der vom Barbier rasierten Männer auch nicht ihn selbst enthalten.**

Anhand dieses Beispiel erscheint es nur völlig natürlich, dass man die Logik auch schon als ein Geländer bezeichnet hat, an dem man sich im Dunkeln entlang tasten könne.

**Was in sich stimmig ist, muss noch lange nicht richtig sein**

Eine dreistufige, logische Folgerung setzt sich aus den nachstehenden Elementen zusammen:

- Der Obersatz – ist eine generelle Behauptung, die meist das kleine Wörtchen »alle« beziehungsweise in der negativen Variante »kein« enthält.
- Der Untersatz – beschreibt den konkreten Fall.
- Der Schlusssatz – zieht die logische Folgerung aus den beiden oberen Sätzen.

Wenn eine logische Schlussfolgerung in sich stimmig ist, heißt dies aber noch nicht, dass sie auch richtig ist. Folgender Schluss ist zum Beispiel vollkommen logisch:

- Alles, was es gibt, kann man mit den Sinnesorganen wahrnehmen.
- Gott kann man nicht mit den Sinnesorganen wahrnehmen.
- Also kann es Gott gar nicht geben.

Trotzdem ist damit noch nicht die Existenz Gottes widerlegt. Denn es gibt durchaus Dinge, die wir nicht mit den Sinnesorganen wahrnehmen können, die aber trotzdem existieren: das Innere der Erde etwa oder solche Dinge wie Liebe und Vertrauen. Bei diesem Beispiel ist man von einem falschen Obersatz ausgegangen, sodass auch der Schlusssatz nicht richtig ist.

**Die zwei Pfeiler der Logik**

Das »Nichtwiderspruchsprinzip« und das »Prinzip vom ausgeschlossenen Dritten« sind die zwei wichtigen Grundregeln der Logik, die man sich merken sollte.

Der erste Grundsatz besagt, dass niemals zugleich eine Sache und ihr Gegenteil behauptet werden dürfen. So ist es sinnlos, gleichzeitig zu sagen: »Es regnet und es regnet nicht.« Der vielsagende Elternspruch »Wenn ich meine Kinder rufe, dann kommen sie – oder kommen nicht« ist dagegen logisch zulässig, weil die gegenteiligen Dinge hier mit dem Wörtchen »oder« verbunden sind. »Und« hat einschließenden, »oder« ausschließenden Charakter. Wer im Internet die Suchmaschinen betätigt, nutzt je nach Einstellung diesen Unterschied.

Das Prinzip vom ausgeschlossenen Dritten beinhaltet, dass es keine weitere Möglichkeit der Antwort gibt. Entweder stimmt »Gott existiert« oder es stimmt »Gott existiert nicht«. »Gott existiert ein bisschen« ist Unsinn. Allerdings kann es »ein wenig regnen« – jedenfalls in unserer Alltagssprache. Wollen Sie die Frage jedoch logisch klären, müssen Sie genau definieren, wo die Trennlinie zwischen dem Fall »Es regnet« und »Es regnet nicht« liegt. Nur so kann Ihr Ergebnis exakt ausfallen.

**Eine Neuauflage der Logik**

Aristoteles begründete die Lehre, an der bis ins 19. Jahrhundert nur wenig verändert wurde. Man glaubte, die Disziplin sei in sich abgeschlossen. Doch dann entwickelten Gottlob Frege (1848–1925), Bertrand Russell und Alfred North Whitehead (1861–1947) die mathematische Logik, eine hochkomplexe Wissenschaft, die viele neue Ansätze und Möglichkeiten eröffnet hat.

## ➤ Analytisch und synthetisch

**Der Philosoph und Mathematiker Gottfried Wilhelm Leibniz (1646–1716) führt die Unterscheidung zwischen analytischen und synthetischen Aussagen in die Philosophie ein. Analytisch sind demnach alle Urteile, bei denen der Wahrheitsgehalt bereits in der Aussage enthalten ist. Dazu gehören die logischen und die mathematischen Urteile. Synthetisch sind solche, bei denen die Aussagen erst durch empirische Nachforschung überprüft werden müssen, um ein Urteil fällen zu können. Es wird manchmal behauptet, ein Studium der Philosophie habe sich schon gelohnt, wenn man diesen Unterschied begriffen habe.**

# Von dem, was jenseits der Erfahrung liegt – Metaphysik

**Dem Begriff »Metaphysik« haftet manchmal etwas Geheimnisvolles, fast Mystisches an. Das ist kein Wunder, denn schließlich geht es in dieser Disziplin um die Dinge, die für den Menschen nicht greifbar und unmittelbar erfahrbar sind: die Freiheit des Willens etwa oder die Unsterblichkeit der Seele. Andererseits sind das die Fragen, die die Menschheit seit jeher brennend interessieren. Deshalb gehört die Metaphysik – neben Ethik und Erkenntnistheorie – zu den Königsdisziplinen der Philosophie.**

## Die Frage nach dem Sein

Aristoteles nannte die Metaphysik die »Erste Philosophie«, da sie nach den unveränderlichen Grundgesetzen der Wirklichkeit fragt, die jeder anderen Wissenschaft vorausgehen. Nach Immanuel Kant sind metaphysische Erkenntnisse solche, die in jeder Situation, zu jeder Zeit und an jedem Ort richtig sind.

In dieser Sparte der Pilosophie beschäftigen Sie sich mit dem »Sein« an sich, und zwar im Gegensatz zum »Seienden«, nämlich den Dingen, die erst aus dem »Sein« entstehen. Wenn Sie der Wirklichkeit auf den Grund gehen wollen, dann gibt Ihnen die nachfolgende

FÜR BESSERWISSER

### Metaphysisches im Bücherregal

Woher hat die *Metaphysik* ihren Namen? Nun, *meta* heißt auf Griechisch »hinter«, und einige Texte des Aristoteles standen einst im Bücherregal hinter denen seiner Physik. Als Andronikos von Rhodos im 1. Jahrhundert v. Chr. die Schriften des großen Philosophen zu einer Gesamtausgabe zusammenfasste, hängte er 14 Werke, die sich mit den nichtgreifbaren Dingen befassten, entsprechend der Anordnung im Regal den Texten zur Physik an. Heute wird der Name meistens so erklärt, dass Metaphysik sich mit den Dingen beschäftigt, die »hinter« der physisch greifbaren Welt liegen. Vielleicht hatte ja auch Andronikos bereits diese Idee.

**Das kosmische Universum – verbirgt sich hinter seinen geheimnisvollen Weiten ein göttliches Prinzip?**

Auflistung entsprechende Themenkreise an die Hand, mit denen sich durch die Jahrtausende bereits unsere großen und vermutlich auch kleineren Denker beschäftigt haben.

Im Brennpunkt jeglicher metaphysischer Erkenntnis heißt es, die Ursache der Wirklichkeit herauszufinden, und es ist nur ein sehr kleiner Schritt, deren Existenz und Vielfalt zu erforschen. Ebenso steht der Übergang vom Sein zum Nicht-Sein zur Diskussion: Die Veränderung, das Entstehen und Vergehen und alles, was damit in Zusammenhang steht, sind Bestandteil dieser Suche nach den »anderen« Bereichen.

Können Sein und Schein nur beschrieben werden oder sind in ihnen auch Werte enthalten, die es zu erkennen gilt? Und wie steht es um die letzten Grundbegriffe: die Einheit, Wahrheit, das Gute oder die Schönheit? Oder gibt es auch Auskunft über das Höchste und Vollkommene, also über Gott oder ein göttliches Prinzip? Und schließlich sind auch die »Universalien« zu klären, nämlich wie die Individualität und Allgemeinheit zusammenhängen: Unser weiter vorne schon angeführtes Beispiel vom konkreten Pferd und der Idee oder dem Begriff »Pferd« wären hier einzuordnen.

Mit ihren Fragen nach dem Ursprung des Seins steht die Metaphysik deutlich im Gegensatz zu den Naturwissenschaften, die aus der Auseinandersetzung mit der erfahrbaren Wirklichkeit entstanden sind und denen keine Fragen, sondern wiederholbare Experimente als Grundlage dienen.

**Das Dilemma der Erkenntnis**

Unser obiger Fragenkatalog weist sogleich auf das fundamentale Problem dieser Disziplin hin. Wie ist es überhaupt möglich, jemals »wahre« Aussagen über diese Dinge machen? Die Metaphysik gehört aus diesem Grund nicht nur zu den wichtigsten, sondern auch zu den höchst umstrittenen Gebieten innerhalb der Philosophie. Kant bringt das Dilemma gut auf den Punkt, wenn er sagt, Metaphysik als Wissenschaft sei theoretisch unmöglich, aber praktisch notwendig. Denn für ein sinnvolles, menschliches Leben sei es unerlässlich, solche metaphysische Größen wie zum Beispiel die Freiheit des Willens, die Existenz Gottes und die Unsterblichkeit der Seele anzunehmen. Andernfalls wäre jedes moralische Handeln hinfällig.

**Auch hier sind Methoden gefragt**

Die Metaphysik arbeitet mit der Methode der Reduktion, gemeint ist damit die Zurückführung. Sie versucht zu entdecken, worauf sich all unser Denken und Handeln und darüber hinaus unsere Erfahrungen und Erkenntnisse zurückbeziehen. Welche Ideen und Vorstellungen scheinen von Geburt an fest in uns verankert zu sein? Vergleichbar etwa mit den Zugvögeln oder Lachsen, die ihre Wanderrouten nicht lernen, sondern auf geheimnisvolle Art bereits »kennen«. Was war der Ursprung des Universums beziehungsweise was lag vor dem Urknall?

Während die moderne Metaphysik nach Dingen wie der Vorstellung vom Freien Willen oder dem menschlichen Bewusstsein fragt, haben die allerersten Philosophen, die Vorsokratiker, noch nach einem Stoff oder einem Prinzip gesucht, auf dass sich das Sein in seiner Gesamtheit begründen lässt. Das »Sein« umfasst dabei die greifbaren und nichtgreifbaren Dingen, also etwa die Eisenbahnbrücke, aber auch das Gesetz der Statik, nach dem sie erbaut worden ist. Diese Suche nach Urprinzip und Grund allen Seins hielt bis ins 19. Jahrhundert hinein an.

### Schwarze Katzen suchen

Während all der Jahrhunderte wurde die Metaphysik als wissenschaftliche Disziplin immer wieder in Zweifel gezogen oder sogar totgesagt. »Metaphysik ist der Versuch, in einem verdunkelten Zimmer eine schwarze Katze zu fangen, die sich gar nicht darin befindet«, spottete Bertrand Russell. Doch plötzlich wurde anderen Bereichen die dann fehlende »metaphysische« Erkenntnis abverlangt. Außerdem schließt sich der Kreis: Denn auch der, der die Möglichkeit metaphysischer Erkenntnisse bestreitet, entwirft wiederum eine metaphysische These über die Wirklichkeit. Es scheint also, dass Metaphysik unabdingbar zum menschlichen Streben nach Erkenntnis gehört. Ohne sie wäre die Philosophie keine Philosophie.

### ➤ Das Urprinzip aller Dinge

Viele kluge Köpfe versuchen das Urprinzip aller Dinge seit Jahrtausenden von Jahren zu fassen. Hier einige Beispiele:

- Das Wasser: Thales von Milet (624 bis 545 v. Chr.)
- Das Unbestimmte (Apeiron): Anaximander (610 bis 547 v. Chr.)
- Die Luft, die entweder verdichtet oder verdünnt wird: Anaximenes (588 bis 524 v. Chr.)
- Die Zahl und daraus folgend mathematische Gesetzmäßigkeiten: Pythagoras (580 bis 500 v. Chr.)
- Die Atome: Demokrit (460 bis 371 v. Chr.)
- Die Idee des Guten: Platon (427 bis 47 v. Chr.)
- Die ständige Bewegung (»Alles fließt.«): Heraklit (535 bis 465 v. Chr.)
- Der erste unbewegte Beweger: Aristoteles (384 bis 322 v. Chr.)
- Gott als Grund alles Seienden: Thomas von Aquin (1225–1274)
- Das Ich (»Ich denke, also bin ich«): Descartes (1596–1650)
- Die Natur, die identisch mit Gott ist: Spinoza (1632–1677)
- Der Weltgeist: Hegel (1770–1831)
- Der Wille: Schopenhauer (1788–1860)
- Die Produktionsverhältnisse: Marx (1818–1883)
- Der Wille zur Macht: Nietzsche (1844–1900)

# René Descartes (1596–1650)

Mit René Descartes beginnt die neuzeitliche Philosophie

Sohn eines Adeligen, Jesuitenschule, Jurastudium, Militär, schließlich ein Philosophiestudium: Descartes hat seine Bestimmung entdeckt. 1529 verkauft er, der als der Begründer der modernen Philosophie gilt, seinen Besitz und wandert in die Freien Niederlande aus, weil er hofft, dort freier arbeiten und forschen zu können. In den Briefen an seine Freunde schwärmt er von der Beschaulichkeit Amsterdams, wo er in Ruhe umhergehen, dem Treiben zusehen und seine Gedanken entwickeln kann.

Descartes lebt in Zeiten des Umbruchs. Kopernikus und Galileo haben begonnen, die alten Weltbilder zu zertrümmern. Der Mensch ist nicht mehr Mittelpunkt des Universums. Descartes sucht nach einer neuen, einheitlichen Basis für das menschliche Wissen. Aber was bleibt? Die widersprüchlichen Weltbilder, die er in seiner Ausbildung und auf seinen Reisen erlebt hat, treiben ihn um. Umso mehr faszinieren ihn die unumstößlichen Gesetze der Mathematik. »Auf der Suche nach dem unmittelbaren Weg zur Wahrheit sollten wir uns nicht mit Dingen abgeben, über die wir keine mit den Beweisen der Arithmetik und Geometrie vergleichbare Gewissheit erlangen können«, fordert er.

Also macht er sich auf die Suche nach unwiderlegbaren, klaren Prämissen außerhalb der Mathematik. Er probiert es schließlich mit dem radikalen Zweifel, der ihn letztendlich zu der Erkenntnis »Ich denke, also bin ich« führt. Ausgehend von diesem Punkt baut er – streng mathematisch-logisch – sein Weltbild wieder auf.

Man kann heute einiges gegen Descartes' »Beweis« vorbringen, doch damals bedeutete er den

Einstieg in eine moderne Philosophie, die sich der Herausforderung durch die Naturwissenschaften stellte. Durch sein Beispiel impfte er anderen Denkern Vertrauen ein, dass es in einer Zeit, in der viel in Frage gestellt wurde, Möglichkeiten gibt, Gewissheit über die Welt zu erlangen.

Nicht zuletzt zeigt er durch seine mathematischen und naturwissenschaftlichen Arbeiten, dass Philosophie und Wissenschaft gut nebeneinander bestehen können. Er erfindet das nach ihm benannte kartesische Koordinatensystem und die analytische Geometrie, entdeckt das Brechungsgesetz und stellt den ersten Hauptsatz der Energie und die Theorie der Korpuskularbewegung aller Materie auf.

Doch auch in den liberalen Niederlanden ist der Philosoph Zwängen unterworfen. Gewarnt durch Galileos Verurteilung, veröffentlicht er zu Lebzeiten nur relativ ungefährliche Auszüge aus seinem Werk, zum Beispiel über Geometrie und Meteorologie. Trotzdem wird er des Atheismus verdächtigt. Er nimmt deshalb eine Einladung der schwedischen Königin Christine nach Stockholm an. Die wissensdurstige Monarchin besteht auf Privatstunden dreimal die Woche – um fünf Uhr früh und mehrere Stunden lang. Außerdem ist der Winter 1649/50 in Schweden außergewöhnlich kalt. Vermutlich stirbt Descartes an einer Lungenentzündung. Es gibt allerdings auch das Gerücht, er sei mit Arsen vergiftet worden.

**Evergreens:**

»Zweifel ist der Weisheit Anfang.«

»Schon vor einer Reihe von Jahren habe ich bemerkt, wie viel Falsches ich in meiner Jugend habe gelten lassen.«

»Wer ernsthaft die Wahrheit der Dinge ergründen will, darf sich keiner einzelnen Wissenschaft verschreiben; denn alle Teile der Wissenschaft stehen im Verbund wechselseitiger Abhängigkeit.«

**Wichtige Werke:** *Abhandlung über die Methode, Regeln des Geistes, Meditationen über die Erste Philosophie, Prinzipien der Philosophie, Die Leidenschaften der Seele*

# Von den Grenzen menschlicher Erkenntnis – Erkenntnistheorie

**Manche Dinge erscheinen so selbstverständlich, dass der Laie nur schwer versteht, warum Philosophen ein Problem daraus machen. Dazu gehört zum Beispiel die menschliche Erkenntnis. Ich sehe, dass der Himmel blau ist und ich fühle, dass es in der Sonne heiß ist. Welchen Nutzen soll es bringen, das in Frage zu stellen?**

### Absurd oder nicht?

Doch wenn wir genauer nachdenken, dann fallen uns jede Menge Sinnestäuschungen ein, denen wir schon erlegen sind. Für einen Farbenblinden ist der Himmel vielleicht gar nicht blau und außerdem bestehen Farben aus elektromagnetischen Wellen bestimmter Länge, was auch den Augen Normalsichtiger verborgen bleibt. Wenn uns aber in der Sonne zu heiß wird, dann findet unser Begleiter die Temperaturen vielleicht gerade angenehm. Auch auf unseren Verstand ist kein Verlass. Wir müssen uns nur einmal ansehen, was wir Menschen in der Vergangenheit für absurde Dinge geglaubt haben.

### Die Erkenntnis wird definiert

Schon Protagoras prägte deshalb zu Platons Zeiten den Satz: »Der Mensch ist das Maß aller Dinge«. Doch zur philosophischen Disziplin ist die Erkenntnistheorie erst in der Neuzeit geworden. Als Gründer gelten René Descartes und John Locke (1632–1704). Für sie ist Erkenntnistheorie der Anfang aller Philosophie. Erst einmal müsse man Klarheit über die Art der Erkenntnis bekommen, sagen sie, bevor man über das Erkannte spekulieren könne. Die Erkenntnistheorie löst damit für sie die Metaphysik als »Erste Philosophie« ab. Damit wandelt sich auch unser Ansatz, Fragen zu stellen. Wir beginnen bei der Erkenntnis selbst: Worin besteht sie? Gibt es sie überhaupt sicher, über alle Zweifel erhaben oder ist jede menschliche Erkenntnis fehlbar? Die Grenzen der

Erkenntnis rücken in den Blickpunkt, und wir suchen nach Maßstäben: Ist die Vernunft oder die Erfahrung das entscheidende Instrument für unsere Erkenntnis? Ist schließlich die Welt so, wie sie von uns wahrgenommen wird?

### Im Lager der Pessimisten

Man unterscheidet zwischen pessimistischen und optimistischen Strömungen in der Erkenntnistheorie. Erstere bestreiten, dass es eine sichere Erkenntnis überhaupt geben könne. Dazu gehören der Relativismus und der Skeptizismus. Der Relativismus lässt sich mit dem oben angeführten Ausspruch des Protagoras auf den Punkt bringen. Jede Sache erscheint für jeden Menschen anders. Der Skeptizismus ist mit Sokrates Aussage »Ich weiß, dass ich nichts weiß« gut umrissen. Allerdings war Sokrates selbst kein Skeptiker, sondern vertrat die Erkennbarkeit der Wahrheit und die Lehrbarkeit der Tugend. Die zitierte Aussage ist bei ihm der Ausdruck einer persönlichen Bescheidenheit und Zurückhaltung im vorschnellen Behaupten. Extreme Skeptiker sind dagegen überzeugt, dass es nichts geben kann, was jemals über jeden Zweifel erhaben ist.

**FÜR BESSERWISSER**

**Das Problem mit der doppelten Verneinung**

**Die Behauptung »Es gibt keine sichere Erkenntnis« ist natürlich falsch. Warum? Weil sie etwas sicher erkannt zu haben glaubt – nämlich, dass es keine Erkenntnis gibt. Sie widerlegt sich damit selbst. Aber das bedeutet noch lange nicht, dass es sichere Erkenntnis gibt. Nach Michel de Montaigne muss statt der Behauptung »Wir können nichts wissen« nur die Frage stehen: »Was weiß ich?« David Hume meinte: »Ein richtiger Skeptiker wird seinen philosophischen Zweifeln ebenso sehr misstrauen wie seinen philosophischen Überzeugungen.«**

### Erfahrung und Erkenntnis

Die Rationalisten und Empiristen sind dagegen der Meinung, dass der Mensch grundsätzlich fähig ist, sichere Erkenntnisse zu gewinnen. Sie streiten sich nur über die Methode. Den Rationalismus (von lateinisch: *ratio* = Verstand) begründet Descartes. Nachdem er alles Bezweifelbare bezweifelt hat, gelangt er zur Einsicht: Ich denke, also bin ich. Nicht das Äußere,

Critik
der
reinen Vernunft
von
Immanuel Kant
Professor in Königsberg.
Riga,
verlegts Johann Friedrich Hartknoch
1781.

**Die *Kritik der reinen Vernunft* – eines der Hauptwerke des Philosophen Immanuel Kant**

sinnlich Wahrnehmbare ist also das Wesentliche, meint er, sondern der eigene Verstand. Wenn wir keine Kategorien und Grundsätze in uns hätten, die bereits vor der Erfahrung existieren, dann könnten wir das, was wir erfahren, auch nicht bewerten.

Dem setzt John Locke den Empirismus entgegen. Unser Verstand, so vertritt er seine These, sei bei der Geburt leer. Alle Erkenntnis wird erst aus der Erfahrung gewonnen und füllt so den Verstand. Er setzt damit eine Tradition fort, die schon Aristoteles und Thomas von Aquin begründeten. Den berühmten Ausdruck *Tabula rasa* (Leere Tafel) für den Zustand des menschlichen Verstandes im Augenblick der Geburt prägte bereits Thomas von Aquin. John Locke glaubt immerhin noch, dass wir bei der Geburt einen Verstand, also ein Werkzeug der Erkenntnis haben. Spätere radikalere Empiriker behaupten, alles, was wir Verstand nennen, werde erst durch die Erfahrung gebildet.

**Der verbindende Ansatz Kants**

Immanuel Kant versucht beide Richtungen zu verbinden. »Gedanken ohne Inhalt sind leer, Anschauungen ohne Begriffe sind blind«, stellte er fest. »Der Verstand vermag nichts anzuschauen und die Sinne nichts zu denken. Nur daraus, dass sie sich vereinigen, kann Erkenntnis entspringen.« Für Kant gibt es nur wenige Dinge, die nicht durch Erfahrung und Sinne zu überprüfen sind, sondern allein durch den Verstand erkannt werden: nämlich die Freiheit des Willens, die Unsterblichkeit der Seele und die Existenz Gottes sowie abstrakte Vorstellungen wie die Kausalität oder die Unterscheidung von Bejahung und Verneinung (Urteilsformen).

Kant hat auf die Erkenntnistheorie einen großen Einfluss ausgeübt, »gelöst« hat er diesen Gegensatz jedoch nicht. Den Zwiespalt zwischen Rationalismus und Empirismus gibt es heute noch, wenngleich die Empiriker überwiegen. Ebenso zieht sich der Streit, ob wir die Realität erkennen oder bei bloßen Erscheinungen verharren, von der Antike bis heute. Obwohl das Problem zeitenweise vom Tisch gefegt schien, taucht es immer wieder aus philosophischen Dunkelkammern auf.

Karl Popper (1902–1994) vertritt den Standpunkt, die Suche nach einem absolut verlässlichen Punkt der Erkenntnis sei aussichtslos und von vorneherein überzogen. Die Fehlbarkeit menschlicher Erkenntnis müsse einfach akzeptiert werden.

## ➤ Neue Wege

**Edmund Husserl (1859–1938) unternahm den Versuch, die Debatte um die Grenzen unserer Erkenntnis endgültig abzuschließen. Er meinte, man solle aufhören, über den existentiellen Status der Phänomene (Erscheinungen) in unserem Bewusstsein zu spekulieren, sondern lieber untersuchen, was sie für unsere Lebenswelt bedeuten. Er hat die »Phänomenologie« begründet, die die Dinge nur nach ihrem Erscheinen betrachtet und alle Vermutungen über dahinter liegende Wahrheiten strikt ausschließt.**

**Außerdem entwickelt sich aus der Erkenntnistheorie die Analytische Philosophie. Sie untersucht nicht mehr den Verstand als Werkzeug der Erkenntnis, sondern nunmehr die Sprache, mit der wir unsere Erkenntnis ausdrücken. Die Vertreter der idealsprachlichen Richtung fordern dabei die Entwicklung einer absolut eindeutigen Sprache, wie sie in der Physik und Mathematik gängig ist. Die zweite Richtung lässt die Normalsprache gelten, untersucht aber die Bedeutungen, die in den Wörtern steckt.**

# Von überirdischen Mächten – Religionsphilosophie

**Das Verhältnis von Religion und Philosophie ist recht komplex. Die Religion beruht auf Glauben, die Philosophie auf Kritik. Zwar versuchen beide, die Frage nach unserer Existenz und dem Sinn der Welt zu beantworten. Doch die Religion geht davon aus, dass der Sinn von außen an den Menschen herangetragen wird, also Gnade oder Geschenk Gottes ist. Die Philosophie baut darauf auf, dass der Mensch selbst aktiv wird und sich auf die Suche nach Erkenntnis macht. So gesehen sind Philosophie und Religion Gegensätze. Nicht wenige Philosophen gerieten mit den Theologen in Schwierigkeiten, weil sie an vermeintlichen »Glaubenswahrheiten« rüttelten.**

## Fließende Grenzen

Andererseits ist es manchmal auch nicht einfach, Religion und Philosophie zu trennen. Viele Philosophen waren religiös, und die Existenz Gottes ist zentraler Bestandteil ihrer Gedanken. Buddhismus und Hinduismus werden sogar als philosophische Religionen bezeichnet.

Was genau ist also Religionsphilosophie? Gott und die Religion werden dann philosophisch betrachtet, wenn sie nicht Gegenstand der Verehrung, Liebe, Ehrfurcht oder sonstiger Gefühle sind, sondern Gegenstand des Wissens. Ob der Philosoph selber gläubig ist oder nicht, spielt erst in zweiter Linie eine Rolle. Denn zur Religionsphilosophie gehören auch Religionskritik und die Begründung atheistischer Positionen.

## Vernunft und Glaube

Machen Sie sich zunächst wieder mit den Fragen vertraut. Denn auch die Religionsphilosophie kennt ihren speziellen Themenbereich: Der Begriff der Religion und was religiöse Handlungen eigentlich sind, gehören zum Gebiet der Religionsphänomenologie. Grundsätzlich zu klären ist, was eine religiöse Erfahrung von einer Sinneserfah-

**Vor allem im Buddhismus spielen philosophische Fragen eine bedeutende Rolle**

rung oder einer Erfahrung des Selbstbewusstseins (wie Descartes' »Ich denke, also bin ich«) trennt. Auf dem kritischen Prüfstand steht insbesondere auch die Möglichkeit einer Offenbarung. Wie sich die verschiedenen Religionen voneinander unterscheiden und was sie gemeinsam haben, das Verhältnis von Vernunft und Glaube und schließlich die Gretchenfrage, ob Religion überhaupt in einer von Technik, Wissenschaft und Verwaltung geprägten Welt noch ein ernst zu nehmendes Phänomen ist, bilden immer wieder den Ausgangspunkt religionsphilosophischer Diskussion.

Das Verhältnis von Vernunft und Glauben ist dabei eines der zentralen Themen. Wie kann Glauben überhaupt sinnvoll vertreten werden, ohne irrational zu werden? Es lassen sich Philosophen nennen, die zwar religiös sind, den Glauben aber nicht als Gegenstand der Philosophie ansehen, weil er nicht empirisch erfahrbar ist. Andere suchen nach rationalen Beweisen für Gott und folgern daraus auch vernünftige Gründe für den Glauben an ihn.

Alfred North Whitehead argumentiert, dass man in der Welt ein ständiges Werden feststellen könne. Die Frage sei nun, ob dieses dem Zufall unterworfen ist oder ob es eine treibende Kraft gibt, die dafür gesorgt hat, dass die Evolution so und nicht anders verlaufen sei. Ein Philosoph, so Whitehead, müsse schon von seinem Wesen her davon ausgehen, dass Vernunft waltet und alle Entwicklungen ihren Grund haben. Also müsse es auch eine treibende, schöpferische Kraft hinter den Geschehnissen geben.

Unabhängig von Zeit und Kultur fällt auf, dass alle Philosophen nur ein unbestimmtes Gottesbild haben. Gott wird als das Absolute

## ➤ Kleine Glaubenskunde

**Denis Diderot**

**Fideisten setzen nur auf den Glauben. Jegliches Nachdenken über Gott ist für sie fehlgeleitet, wenn nicht gar Gotteslästerung.**

**Deisten glauben an einen Gott, der zwar die Welt geschaffen hat, sich danach aber vollständig von ihr zurückzog. Voltaire (1695–1778) vertritt die Meinung, die Deisten könnten eine friedliche Brüderschaft »von Peking bis Cayenne« bilden, da alle Völker die Sprache des Deismus verstehen.**

**Pantheisten sehen Gott in allem. Gott und Welt sind für sie identisch. Die Vorstellung wurde von Baruch Spinoza (1632–1677) entwickelt. Er war der Auffassung, es gebe nur eine Wirklichkeit, die er Natur oder Gott nennt, und die sowohl religiös wie rational erfahren werden könne.**

**Agnostiker interessiert die Frage nach Gott nicht. Denis Diderot (1713–1794) behauptet lapidar. »Es ist wichtig, den Schierling nicht für Petersilie zu halten, unwichtig aber, an einen Gott zu glauben.«**

**Atheisten glauben, dass es keinen Gott gibt. Der erste bekennende Atheist unter den Philosophen war Schopenhauer (1788–1860). Das ist umso bemerkenswerter, weil er gleichzeitig der erste war, der buddhistische und hinduistische Gedanken in seine Philosophie einbezog. Vermutlich waren auch Thomas Hobbes (1588–1679) und David Hume (1711–1776) Atheisten, wagten aber nicht, dies öffentlich auszusprechen.**

gesehen, als vollkommenes, unendliches Prinzip, als treibende Kraft hinter allem Seienden. Vor diesem Hintergrund bleibt offen, ob die atheistischen Positionen, die von einer unendlichen, sinnerfüllten Welt ausgehen, nicht doch religiös sind. Sartre jedenfalls gab kund, man müssen wählen zwischen Gott und der Absurdität. Er entschied sich für Letzteres.

## Die religiöse Sehnsucht der Menschen

Die Religionsphilosophie erforscht auch, welche Gründe die Religiosität der Menschen überhaupt hat und welche Vorstellungen, Sehnsüchte und Ängste in die Religion hinein verlagert werden. Schopenhauer glaubte, dass alle Gottesvorstellungen aus den Gefühlen Furcht und Hoffnung und dem Bedürfnis nach einem Orientierungsrahmen entstanden sind. Nietzsche bringt es auf einen seinerzeit polemischen Nenner: Der Mensch projiziere seine Wünsche von einem besseren Leben in den Himmel – er finde dort nichts als seine Sehnsüchte und Ängste.

Aber nicht nur Atheisten erklären die Religion von den menschlichen Bedürfnissen her. Der protestantische Theologe Wolfhart Pannenberg (geb. 1928) sieht im Menschen eine Unruhe angelegt, die ihn dazu zwingt, sich mit Dingen zu befassen, die jenseits seiner Erfahrung liegen – ganz egal, wie viel er schon weiß. Pannenberg meint, dass alle religiösen Vorstellungen ihre Wurzel in dem Bedürfnis des Menschen haben, diesem unbestimmten Drang Gestalt zu verleihen und sich ein Gegenüber vorzustellen.

**FÜR BESSERWISSER**

### Die Götter der Kühe und Pferde

**Der erste Philosoph, der entlarvte, wie sehr Götterbilder kulturabhängige Projektionen sind, war Xenophanes (575 bis 438 v. Chr.). »Wähnen doch die Sterblichen, die Götter würden geboren und hätten Gewand, Stimme und Gestalt wie sie«, spottet er. »Die Äthiopen stellen sich ihre Götter schwarz und stumpfnasig vor, die Thraker dagegen blauäugig und rothaarig. ... Doch hätten Kühe, Pferde und Löwen Hände und könnten damit malen und Werke wie die Menschen schaffen, dann würden die Pferde pferdeähnliche, die Kühe kuhähnliche Götterbilder malen und solche Gestalten schaffen, wie sie selber haben.«**

# Baruch Spinoza (1632–1677)

Baruch Spinoza wurde wegen Irrlehren aus der Synagoge ausgeschlossen

Russell nannte ihn den »vornehmsten und liebenswürdigsten der großen Philosophen«, Goethe las seine *Ethik* zusammen mit Frau von Stein. Doch Spinoza ist auch angefeindet worden, seine pantheistische Weltsicht, bei der Gott und die Welt eins sind, wurde mit dem Atheismus gleichgesetzt und vielfach verdammt.

Spinoza wurde als Nachfahre portugiesischer Einwanderer in Amsterdam geboren und orthodox jüdisch erzogen. Doch der unkonventionelle 24-Jährige wurde aus der Synagoge ausgeschlossen. Es war ihm verboten, Bücher zu schreiben, zu verlegen und öffentlich zu lehren, so verdiente er sein Geld als Linsenschleifer. Eine Professur in Heidelberg lehnte er 1673 ab »aus Liebe zu einer Ruhe, die ich mir auf andere Weise nicht bewahren zu können glaube.«

Hegel warf Spinoza vor, in seinem pantheistischen System verschwinde der Mensch. Dabei geht es ihm in der *Ethik* darum, den Menschen so zu zeigen, wie er wirklich ist, schonungslos und offen, mit all seinen Gefühlen. Er wollte den Menschen dazu führen, mit diesen Affekten zu leben, auf sie einzuwirken und so zur Freiheit und zur Gottesliebe zu gelangen, einer Gottesliebe aus dem Verstehen heraus. Diese Affektenlehre gilt oft als ein Vorläufer von Freuds Psychoanalyse.

**Evergreens:**
»Ich lasse einen jeden nach seiner Natur leben und, wer will, mag für sein Heil sterben: wenn nur ich für die Wahrheit leben darf.«
»Ich will den Menschen nehmen wie er ist, nicht wie er sein soll.«
»Aber alle Herrlichkeit ist ebenso schwierig wie selten.«

**Wichtige Werke:** *Die Ethik, Tractatus-Theologico-Politicus, Tractatus-Politicus*

# Philosophie im Kreis der Kulturen – Kulturphilosophie

**Das lateinische Wort *cultura* bedeutete ursprüngliche die Bearbeitung des Ackerbodens. Daraus leitete sich dann allgemein die Vorstellung einer Kultivierung, einer Bearbeitung, Pflege oder Gestaltung ab. Der Begriff »Kultur« umfasst also das, was durch die entsprechende Tätigkeit und Gestaltung der Welt durch den Menschen entstanden ist. Der Gebrauch des Wortes ist meist positiv. »Unkultur« bezeichnet nicht die fehlende, sondern eine negative Gestaltung.**

### Die Kulturfähigkeit des Menschen als Selbstverwirklichung

Die Fragestellungen der Kulturphilosophie versuchen zu ergründen, warum der Mensch überhaupt kulturfähig ist und wie er unter den Bedingungen der Kultur lebt. Das heißt, die Natur wird nicht mehr als vorgegebene Realität verstanden, sondern vielmehr als eine kulturelle Konstruktion angesehen: Somit steht die geschaffene Kultur zur Untersuchung an. Dabei werden Unterschiede, aber auch Gemeinsamkeiten zwischen den verschiedenen Kulturen herauskristallisiert.

Die Kulturphilosophie als Begriff ist kaum 100 Jahre alt, hat aber eine lange Tradition. Ihre Ursprünge reichen bis in die Antike: Schon Protagoras (485 bis 415 v. Chr.), einer der allerersten Philosophen der abendländischen Philosophiegeschichte, sah in der Kulturfähigkeit des Menschen einen Ausgleich für körperliche Mängel wie Flucht-, Angriffs- oder Verteidigungsorgane, mit deren Hilfe die Tiere überleben können.

Arnold Gehlen (1904–1976) und Helmut Plessner (1892–1985), die Begründer der modernen philosophischen Anthropologie bauen den Gedanken noch aus. Auch sie stufen den Menschen als Mängelwesen ein. Im Gegensatz zum Tier ist sein Wesen unfertig. Das gibt ihm ihrer Meinung nach die Freiheit, sich eine eigene, individuelle Lebensweise zu erschaffen, kulturell schöpferisch zu wirken und sich damit selbst zu verwirklichen.

Sartre geht sogar so weit zu sagen, dass der Mensch sich verwirklichen muss. Vor allem in der modernen Gesellschaft, in der weder Religion, noch unumstößliche gesellschaftliche Normen dem Einzelnen vorgeben, was er zu tun habe, sei der Mensch zur Freiheit verurteilt. Begründend fügt er hinzu: »Verurteilt, weil er sich nicht selbst erschaffen hat, anderweit

**Nordamerikanische Indianer dienten Rousseau als Vorbild für den Idealzustand des Menschen**

dennoch frei, da er, einmal in die Welt geworfen, für alles verantwortlich ist, was er tut.«

Kein Philosoph zweifelt, dass zur Kulturfähigkeit des Menschen die Bildung von Gesellschaften gehört. Aristoteles nennt den Menschen ein *zoon politikon,* ein Wesen, das eine soziale, staatenbildende Natur habe. Er nennt den Staat sogar eine Voraussetzung für ein glückliches Leben. Im Gegensatz zu staatenbildenden Tieren wie Bienen und Ameisen verfüge der Mensch aber noch über den *Logos*. Wer je Goethes *Faust* gelesen hat, weiß um die Schwierigkeiten, dieses Wort zu übersetzen. *Logos* steht sowohl für Sprache wie Vernunft. Dank dieser Eigenschaft ist der

**FÜR BESSERWISSER**

## Griechische Sintflut

**Wie ist eigentlich die menschliche Kultur entstanden? Platon erzählt vom Mythos einer großen Flut, nach deren Rückgang nur einige einfache Berghirten übrig blieben. »Also Menschen, die man sich selbstverständlich als unbekannt denken muss nicht nur mit allen Kunstfertigkeiten, sondern vor allem auch mit den Mitteln, die im städtischen Menschenverkehr der Befriedigung der Habgier und Streitsucht dienen, sowie auch mit allen sonstigen ruchlosen Anschlägen, wie sie die Menschen gegen einander ersinnen.« Erst später seien die Menschen verdorben worden und schlecht geworden. Auch Platon sah die Entstehung der menschlichen Kultur also nicht einhellig positiv.**

Mensch zum Aufbau einer »Vernunftkultur« fähig.

**Die Einheit von Natur und Kultur**

Der erste große Kritiker in der Kulturphilosophie, der die Frage aufwirft, ob eine Weiterentwicklung und Verfeinerung der Kultur auch wirklich einen Fortschritt bedeutet, ist Jean-Jacques Rousseau (1712–1778). In seiner Schrift *Entstehung der Ungleichheit unter den Menschen* beschreibt er, wie der Mensch nach und nach den Naturzustand verlassen hat und in einen Kulturzustand eingetreten ist. Für Rousseau ist dies zeitbedingt ein Zustand, der die Gesellschaft des Absolutismus beinhaltet, eine Gesellschaft der extremen sozialen Unterschiede, in der großer Pomp und bitterste Armut nebeneinander bestehen. Rousseau war der Meinung, dass alle Menschen von Natur aus gut seien. Erst, als im Lauf der Kultivierung das Eigentum entstanden sei, seien sie korrupt geworden, weil einer den anderen übertreffen wolle. Das Schlagwort »Zurück zur Natur!«, das Rousseau oft zugeschrieben wird, stammt in Wahrheit nicht von ihm. Er war Philosoph genug, keinen absoluten Naturzustand zu wünschen. Das hätte schließlich eine »unvernünftige«, tierhafte Existenz bedeutet. Rousseaus Ideal war ein Zwischenzustand, in dem die menschlichen Verhältnisse wohlgeordnet und ausgeglichen sind. Als Vorbild schwebten ihm wohl die Indianer vor, die er als »edle Wilde« sah.

Jean-Jacques Rousseaus Ideen bereiteten den Weg für die französische Revolution

Das Beispiel Rousseau zeigt, dass man nicht über Kultur nachdenken kann, ohne zugleich die Natur einzubeziehen. Beides gehört zusammen. Will man die Kultur des Menschen bewerten, so fragt man immer nach seiner natürlichen Ausstattung und wie diese zum Tragen kommt.

**Die ideelle Einheit in der Vielfalt**

Heute, in den Zeiten der Globalisierung, ist der Blick auf die verschiedenen Kulturen wohl das existenzielle Thema der Kulturphilosophie. Was ist allen Kulturen gemeinsam und verbindet sie über viele Unterschiede hinweg? Eine Annäherung an diese Frage besteht in der Feststellung, dass alle Menschen gleiche Grundbedürfnisse haben, und zwar unabhängig von ihrer Kultur. Sie wollen Sicherheit an Leib und Leben, ausreichend Nahrung, eine Wohnung, Arbeit sowie stabile Familien und Freundschaften.

Die Kulturphilosophie ist heute in hohem Maß darauf angewiesen, die Menschen verschiedener Kulturen zu verstehen. Deshalb ist es wichtig, dass sie eng mit anderen Wissenschaften zusammen arbeitet. Einen besonderen Stellenwert haben dabei die Ethnologie und die Künste: Literatur, Film, Musik und bildende Kunst. Gerade sie können in einem hohen Maß Einblick in fremde Kulturen gewähren. Denn trotz globalisierter Wirtschaft und Medien ist unser Wissen meist noch oberflächlich und von Vorurteilen statt von grundlegender – philosophischer – Erkenntnis geprägt.

## ➤ Die Grenzen der sozialen Gemeinschaft

Helmut Plessner (1892–1985) gilt als der Begünder der philosophischen Anthropologie in der Moderne. Als studierter Zoologe und Philosoph beobachtete er den Menschen unter ganz anderen Voraussetzungen als seine Zeitgenossen. Mit seiner Sichtweise gelang ihm der Durchbruch zur philosophischen Anthropologie. In seinem Buch *Grenzen der Gemeinschaft. Eine Kriktik des sozialen Radikalismus* definierte er das menschliche Leben als eine Art »Grenzleistung«, wobei der Mensch – seiner Ansicht nach – von Natur aus künstlich ist. Er hat sozusagen einen gewissen Hang dazu, Rollen zu spielen und somit auf Distanz zu gehen.
Plessner ist überzeugt davon, dass erst diese Grenzerfahrung zur Umwelt die Öffnung des Menschen nach außen hin ermöglicht: Allein der Wille zur Gemeinschaft reicht nicht aus, damit das menschliche Miteinander und das soziale Zusammenleben funktionieren. Nötig sind daher bestimmte gesellschaftliche Regeln, die allerdings schon in der menschlichen Natur verankert sind.

# Zurück zu den Wurzeln – Naturphilosophie

**Die Naturphilosophie zählt zu den ältesten Disziplinen der Philosophie überhaupt. Heute können wir die Dinge, die die Vorsokratiker zum Staunen und Nachdenken brachten, mit Hilfe biologischer, chemischer und physikalischer Gesetzmäßigkeiten erklären. Ist damit also die Naturphilosophie überholt? Nur noch ein Relikt für einige Schöngeister, die technischen Fortschritt nicht wahr haben wollen? Keineswegs. Alle Erkenntnisse in der Biologie, Chemie und Physik lösen nicht die Frage, wie wir mit dem Fortschritt umgehen sollen. Sie liefern uns das Handwerkszeug, die Natur zu nutzen. Was davon vernünftig ist, muss auf philosophischem Weg geklärt werden.**

### Mensch und Natur

Vor der Entstehung der Naturwissenschaften beschäftigte sich die Naturphilosophie vor allem mit sichtbaren Naturphänomenen und dem Aufbau der Natur. Die ersten Philosophen stellten die mythische Einheit Mensch – Natur in Frage, in der der Mensch den Naturmächten beziehungsweise unberechenbaren Göttern hilflos ausgeliefert ist. Stattdessen versuchten sie, den Ursachen dieser Mächte und der kosmischen Ordnung auf die Spur zu kommen. Eine typische Lehre war zum Beispiel die vom harmonischen Zusammenspiel der vier Elemente Erde, Feuer, Wasser und Luft.

Die zweite wichtige Frage der Naturphilosophie betraf die Beziehungen zwischen Mensch und Natur. Worin unterscheiden sich die Natur des Menschen und die des Tieres? Welche Stellung haben Mensch, Tier, Pflanze in der Natur? So kam die Frage auf, wie wir mit der Natur umgehen sollen.

Ab dem 17. Jahrhundert entwickeln sich eine mechanistische und eine romantische Naturphilosophie. Die eine sieht die Natur als eine Art riesige Maschine, die man erforschen und nutzen muss, die andere möchte die verlorengegangene Einheit Mensch – Natur wiederfinden. Durchgesetzt hat sich die mechanistische Richtung. Während anfangs noch das Staunen über die großartige »Mechanik« stand, trat mehr und mehr die Verfügbarkeit in den Vordergrund. Francis Bacon (1561–1625) forderte, man solle die Natur »mit Hunden hetzen«, bis sie ihre Geheimnisse preisgebe. Eine kritische Gegenposition bekam erst im 20. Jahrhundert Gewicht, als die Menschen feststellen mussten, dass sie ihre Umwelt fast zu Tode gehetzt hatten.

**FÜR BESSERWISSER**

### Walschutz 1913

Ökologie und ein alternatives Leben wurden nicht erst seit den 1980er Jahren proklamiert. Bereits um die Wende vom 19. zum 20. Jahrhundert gab es eine solche Bewegung, in deren Zentrum gesunde Ernährung, Freikörperkultur und eine Abkehr von der Technikgläubigkeit standen. Nicht einmal der Walschutz ist eine Erfindung von Greenpeace. 1913 schreibt Ludwig Klages (1872–1956): »Seit im Jahre 1908 in Kopenhagen eine Aktiengesellschaft entstand ›zum Betrieb von Walfischfang in großem Stile und nach einer neuen Methode‹, nämlich mit schwimmenden Fabriken, wurden im Laufe der beiden folgenden Jahre rund fünfhunderttausend dieses größten Säugers der Erde hingeschlachtet, und der Tag ist nahe, wo der Wal der Geschichte und den Museen angehört.«

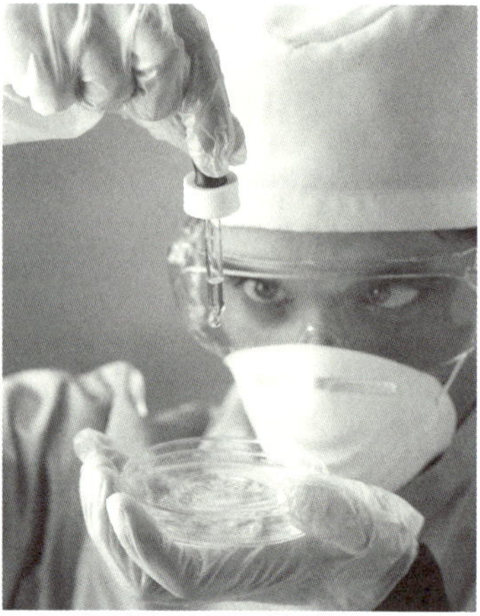

**Moderne Naturwissenschaften stellen die Menschheit immer öfter vor die Frage, wie weit Forschung gehen darf**

### Ein Gewissen für die Forschung

Kennzeichend für die Naturphilosophie ist, dass sie immer eng mit den Naturwissenschaften in Verbindung steht. Wer vernünftige Vorstellungen über die Natur und das Verhältnis Mensch – Natur entwickeln will, muss auf dem aktuellen Forschungsstand sein. Die Philosophie muss auch bereitstehen, wenn Probleme auftauchen, die der Diskussion bedürfen. Ob etwa therapeutisches Klonen zugelassen werden soll, kann die Biologie mit ihren Mitteln nicht entscheiden. Das Wissen, wie man Klone produziert, liefert noch keine Antwort, ob es auch vernünftig ist, dies zu tun. Hier muss die Philosophie einen gesellschaftlichen Diskussionsprozess anstoßen und die Facetten des Problems aufzeigen.

Einer der einflussreichsten Naturphilosophen der Gegenwart war Hans Jonas (1903–1993). Anknüpfend an Kants »Kategorischen Imperativ«, formulierte er eine naturphilosophische, ethische Grundregel: »Handle so, dass die Wirkungen deiner Handlungen verträglich sind mit der Permanenz echten menschlichen Lebens auf Erden.« Für ihn ist jedes fühlende und strebende Wesen »ein Zweck an sich selbst«. Dem Menschen räumt er dank seiner Vernunft eine Vorrangs-, aber keine Vormachtsstellung in der Natur ein.

## ➤ Der Mensch – Teil oder Herr der Natur?

**Diskutiert wird derzeit, wie sich Umwelt- und Naturschutz begründen lassen. Muss man dabei einen Umweg über den Menschen nehmen und nachweisen, dass es unvernünftig ist, die Umwelt zu schädigen und künftigen Generationen Schaden zugefügt wird? Oder hat die Natur von sich aus ein Recht, geschützt zu werden? Damit wird die alte Frage nach dem Unterschied von Menschen, Tieren und Pflanzen wieder aktuell. Man unterscheidet folgende Positionen: Anthropozentrisch: Nur der Mensch hat einen eigenen Wert. Naturschutz muss dem Menschen dienen. Pathozentrisch: Alle leidensfähigen Wesen sind moralisch zu berücksichtigen und haben Rechte. Tierschutz ist auch geboten, wenn er dem Menschen nicht nützt, Tiere aber leiden. Biozentrisch: Alles Leben hat einen Wert. Menschen, Tiere und Pflanzen müssen geschützt werden. Holistisch: Belebte und unbelebte Natur haben einen Wert an sich und ein Recht auf Schutz. In der Praxis finden sich kaum Anhänger der drei letzten Positionen, die bei schweren Interessenskonflikten schnell wieder zu Anthropozentrikern würden. Denn wer würde bei einer Hungersnot seinem Hund das gleiche Recht auf Nahrung einräumen wie sich selbst?**

# John Locke (1632–1704)

Der Begründer des Empirismus, also der wissenschaftlichen Philosophie, die auf Erfahrung beruht, wurde in einem kleinen Dorf bei Bristol geboren, besuchte aber mit der Westminster School in London die seinerzeit wohl beste Schule Englands. Sein Vater war Jurist und hatte im Englischen Bürgerkrieg auf der Seite Cromwells gegen den König gekämpft. Zum Studieren ging Locke nach Oxford. Sein Repertoire reichte von klassischer Literatur und Philosophie über Medizin und Naturwissenschaften bis hin zu Arabisch und Hebräisch.

**Der demokratische Verfassungsstaat gründet sich auf John Lockes Theorien**

1667 wird er eine Mischung aus Leibarzt und Privatsekretär beim Earl of Shaftesbury und gerät damit in den Strudel der englischen Politik, denn der Earl ist der Führer der parlamentarischen Opposition gegen König Charles II. und engagiert sich nach dessen Tod gegen die Thronbesteigung James II. Im Jahre 1681 fällt er in Ungnade und wird wegen Hochverrat angeklagt, dann aber freigesprochen. Vorsichtshalber flüchtet der Earl dennoch nach Holland und auch Locke wird schließlich der englische Boden zu heiß unter den Füßen. Zwei Jahre darauf folgt er seinem Brötchengeber ins Ausland.

In Holland verkehrt er im Kreis der englischen Oppositionellen und wird zum Berater des Prinzen Wilhelm von Oranien. Als dieser 1688 in der »Glorreichen Revolution« das absolutistische Regiment seines Schwiegervaters James II. stürzt, was Lockes politischen Vorstellungen entspricht, schafft Locke die theoretischen Grundlagen für die neue, konstitutionelle Verfassung, der sich der König unterwerfen muss.

John Locke ist einer der Philosophen, die ganz konkret Einfluss auf die Geschichte ihrer Zeit genommen haben. Seine moderne Staatstheorie ist heute noch Grundlage jeder demokratischen Verfassung: die Idee, dass die Souveränität vom Volk ausgeht und dass es Menschenrechte gibt, die kein Staat außer Kraft setzen darf, die Gewaltenteilung, die Religionsfreiheit und – nicht überall im gleichen Maß verwirklicht – die Trennung von Kirche und Staat.

Als Pragmatiker ging Locke davon aus, dass alles Wissen durch die Erfahrung erworben wird. »Folge nicht gedankenlos irgendwelchen Autoritäten«, forderte er, »seien es intellektuelle, politische oder religiöse. Folge auch nicht gedankenlos irgendwelchen Traditionen oder Konventionen. Denke selber nach.«

Locke war auch einer der ersten, die eine neue Bildung forderten. Statt durch Auswendiglernen solle man am praktischen Beispiel lernen, statt klassische Bildung moderne Themen unterrichten, statt Grammatik zu pauken lieber das Sprechen einer Sprache üben.

Seine Ethik war geprägt von Toleranz und liberalem Denken. All seine revolutionären Forderungen vertritt er ohne jede Militanz in einem nüchternen, moderaten Ton. Privat soll der ewige Junggeselle sehr warmherzig, geistreich und bescheiden gewesen sein.

**Evergreens:**

»Logik ist die Anatomie des Denkens.«

»Alle Menschen sind dem Irrtum unterworfen, und die meisten sind ihm an vielen Punkten aus Leidenschaft oder Eigennutz besonders ausgesetzt.«

»Es ist jedoch zweierlei, jemandem zu zeigen, dass er sich irre, oder ihm den Besitz der Wahrheit zu vermitteln.«

**Wichtige Werke:** *Versuch über den menschlichen Verstand, Brief über die Toleranz, Zwei Abhandlungen über die Regierung, Einige Gedanken über die Erziehung, Vernünftigkeit des biblischen Christentums*

# Praktische Philosophie

Wo sind die Grenzen der Philosophie? Es gibt sie nicht. Philosophie kann jeden Bereich des Lebens betreffen, denn überall gibt es Gründe, genau hinzusehen, Dinge in Frage zu stellen und über Grundsätzliches nachzudenken. Philosophische Überlegungen haben wissenschaftliche Forschungen eingeleitet, die Grundlagen für Staatsverfassungen geschaffen, die Menschenrechte entwickelt, Rechtsordnungen ein Fundament gegeben und vieles mehr. Denn Revolutionen, ob es nun politische oder geistige sind, fallen nicht vom Himmel.

Viele Philosophen waren Vordenker gesellschaftlicher Umwälzungen. Ihre Schriften haben unser Leben viel entscheidender beeinflusst, als uns meist klar ist. Wer weiß zum Beispiel, dass die Verfassungen von Frankreich und den USA zum Teil wortwörtlich John Locke zitieren und er das Prinzip der Gewaltenteilung entwickelt hat, das in den westlichen Demokratien den Machtmissbrauch verhindert? Wer ahnt, dass Immanuel Kant der geistige Vater der UNO ist, als einer Weltföderation, die den Frieden sichern soll?

# Eine Frage der Moral – Ethik

**Die Ethik ist eine grundlegende Disziplin der Philosophie, denn sie befasst sich mit Fragen, die uns Menschen unmittelbar umtreiben: Was ist gut, was böse? Soll das therapeutische Klonen erlaubt werden? Ist das weltweite Wirtschaftssystem gerecht? Welche Argumente gibt es gegen die Todesstrafe? Wann ist eine Notlüge moralisch gerechtfertigt?**

**Das »Mehr oder Weniger« zählt**

Niklas Luhmann (1927–1998) nennt die Ethik eine »Reflexionstheorie der Moral«. Dahinter steckt die Erkenntnis, dass Menschen meist mehr oder weniger moralisch handeln. Doch erst, wenn sie darüber nachdenken und dies zu begründen versuchen, tritt die Ethik auf den Plan. Sie soll das unreflektierte »Mehr oder Weniger« zu einem bewussten »Mehr« machen und Leitlinien entwerfen, die bei künftigen Entscheidungen helfen.

Der erste leidenschaftliche Verfechter der Ethik war Sokrates. Er war überzeugt, dass Menschen eigentlich gut und moralisch handeln wollen. Doch aus Unwissenheit und mangelnder Einsicht entsteht – im antiken Glauben – das Böse in der Welt. Deshalb war er so bemüht, mit den Menschen über die Tugenden zu sprechen. Die vier antiken Kardinaltugenden waren Gerechtigkeit, Klugheit, Tapferkeit und Besonnenheit. Das Christentum fügte Glaube, Liebe und Hoffnung hinzu.

**Die Moral unseres Handelns**

Doch schon das Beispiel des Sokrates zeigt, wie schwierig es ist, die Tugenden zu definieren.

**FÜR BESSERWISSER**

**Kurz oder lang – das macht den Unterschied**

Das lateinische Wort *mores* und das griechische *ethos* – sofern es mit kurzem e gesprochen wird – bedeuten »Gewohnheit, Sitte, Brauch«. Also eigentlich eine eher wenig durchdachte, unphilosophische Handlungsmaxime. Dehnt man jedoch das e, dann heißt *ethos* neben Gewohnheit auch noch Charakter. Damit wird offenbar, dass Ethik mit einer Persönlichkeitsbildung einhergeht.

Was ist Gerechtigkeit? Kann nicht auch ein grausamer Feldherr behaupten, klug, tapfer und besonnen gehandelt zu haben? Definiert nicht jeder die Tugenden so, wie es ihm passt?

Daher versuchte man schon früh, eine allgemeingültige Maxime zu finden. Eine der ältesten und berühmtesten Aussprüche ist: »Was du nicht willst, dass man dir tut, das füg auch keinem anderem zu.« Ist es moralisch, Steuern zu hinterziehen, wenn ich das auch bei anderen tolerieren würde? Dürfte ein Richter niemanden verurteilen, wenn er selber auch nicht verurteilt zu werden wünscht?

»Wo kann ich Grenzen finden, die niemand verrücken kann?«, fragte Kant. Sein Nachdenken führte zum berühmten »Kategorischen

## ➤ Kategorischer Imperativ konkret

**Man fasst Kants Forderung manchmal auch in die Frage: »Was wäre, wenn's jeder täte?« Wenn jeder Steuern hinterziehen würde beispielsweise oder uneingeschränkt Lärm machen? Wichtig ist aber auch der Zusatz »die Maxime deines Wollens«. Es geht eben nicht darum, dass ich damit leben könnte, wenn jeder nachts laut Jazz hört. Die Maxime hinter meinem Wollen ist nicht die Musik um halb zwölf Uhr, sondern dass ich zu keiner Zeit Rücksicht bei der Ausübung meiner privaten Vorlieben nehmen will. Und ob ich das jedem anderen zugestehen möchte, dass es ein Gesetz gäbe, das dies festschreibt? Dem Heimwerker von nebenan, mit der Bohrmaschine? Deshalb ist es auch kein Argument gegen Kants Gebot, dass der SS-Verbrecher Adolf Eichmann sich darauf berufen hat. Selbstverständlich hätte ein Antisemit wie Eichmann es in Ordnung gefunden, wenn jeder Juden ermorden darf, aber wohl kaum, wenn die Gesetze es jedem gestatten, Menschen umzubringen, die einem persönlich missliebig sind.**

Imperativ« (»unumstößlicher Befehl«), von dem es mehrere Fassungen gibt. Eine Version lautet: »Handle stets so, dass die Maxime deines Wollens jederzeit zugleich als Prinzip einer allgemeinen Gesetzgebung gelten könnte.«

Kant betonte auch, dass keine Normen, die jemanden ausgrenzen, jemals moralisch sein können. Jeder Mensch hat einen absoluten Wert an sich und darf deshalb nie zum Zweck werden. Therapeutisches Klonen wäre also verboten, da es Menschen, auch wenn sie erst am Anfang ihrer Existenz sind, für einen Zweck opfert. Aber Kant lässt Normenkonflikte außer Acht, etwa wenn das Leben der Mutter gegen das des Kindes steht.

Die moralische Haltung von Kant wird auch Gesinnungsethik genannt. Sie unterscheidet sich von der ergebnisorientierten Verantwortungsethik, die zum Beispiel die Utilitaristen vertreten, die das Ergebnis einer Handlung beurteilen. Kant hingegen macht das Motiv des Handelnden zum Maßstab. Er vertritt die Ansicht, dass ethische Regeln immer und unter allen Umständen eingehalten werden müssen. Denn nicht auf das Ergebnis kommt es an, sondern auf den guten Willen. Für ihn ist sogar Mitleid ein falscher Beweggrund, weil es keiner Einsicht in die Notwendigkeit entspricht. Zudem ist Mitleid willkürlich. Mal empfinden wir welches, mal nicht. Niemand kann sich darauf verlassen. Wer dagegen aus dem Gefühl der moralischen Pflicht heraus handelt, der handelt moralisch, egal, wie das Ergebnis ausfällt. Nach Kant muss man zum Beispiel auch dann die Wahrheit sagen, wenn die negativen Folgen absehbar sind.

### Die Relation des Nutzens

An dieser Ansicht haben sich viele gerieben. Im 19. Jahrhundert kommt in England als Gegenbewegung der Utilitarismus auf. Für seine Anhänger ist die Tat moralisch, die die »größtmögliche Summe von Glück für die Gesellschaft« bringt. Der radikale Utilitarist Jeremy Bentham (1748–1832) entwirft sogar Kriterien, wie sich die Nützlichkeit einer Tat berechnen lässt. Wenn Intensität und Dauer des Glücksgefühls, die Anzahl der Betroffenen und die positiven Folgen nur groß genug sind, kann es durchaus moralischer sein, dass ich

**Der Hippokratische Eid steht noch heute für die moralische Selbstverpflichtung eines Berufsstandes**

einen Skatabend organisiere, als meine Zeit für einen Krankenbesuch zu verwenden. Für einen Utilitaristen wäre eine Notlüge sogar geboten, wenn sie einen größeren Nutzen als die Wahrheit bringt. Auch therapeutisches Klonen wäre eine moralische Angelegenheit, weil der Schaden – der Tod einiger Embryonen – für die Gesellschaft kleiner wäre als der Nutzen – die Heilung schwerer Krankheiten. Auch würde der Reiche, der eine Million spendet, moralischer handeln als der Arme, der nur wenig geben kann. In der Praxis wägen wohl die meisten Menschen zwischen Gesinnungsethik und Utilitarismus ab. Wir schauen sowohl auf die Haltung als auch auf das Ergebnis.

### Die Fairness einer Gruppe

Im Gegensatz zur Individualethik, die sich mit moralischen Regeln für den Einzelnen beschäftigt, soll die Sozialethik Handlungsmaximen für Gruppen erstellen. Der Eid des Hippokrates ist eine solche ethische Regel für den Ärztestand. Aber nicht nur Berufsgruppen, sondern auch Staaten und die Weltgemeinschaft brauchen ethische Leitlinien.

Einer der bedeutendsten zeitgenössischen Sozialethiker ist der Amerikaner John Rawls (1921–2002), der in der Tradition des Utilitarismus steht. Er stellt zwei Gebote für eine faire Gesellschaft auf: Die Freiheit des Einzelnen einzuschränken ist nur erlaubt, wenn damit die Freiheit aller größer wird. Und: Ungleichheiten sind nur erlaubt, wenn auch die Schwächsten immer noch einen besseren Lebensstandard haben, als dies bei vollkommener Gleichheit der Fall wäre.

# Brennpunkt des Weltgeschehens – Politische Philosophie

**Über die Politik hat die Philosophie immer wieder entscheidend Einfluss auf das Leben der Menschen und den Fortgang der Geschichte genommen. Denn Revolutionen können missliebige Regierungen stürzen. Doch um etwas Neues, Besseres zu schaffen, braucht es Einsicht und Weisheit.**

## Wer das Sagen hat

Die politische Philosophie der Antike ging selbstverständlich davon aus, dass sich Menschen zu Gemeinschaften zusammenschließen und deshalb auch Staaten bilden. Die Frage war: Wer sollte an der Herrschaft beteiligt sein? Wie soll das Verhältnis der Stände untereinander geregelt sein? Welche Mitspracherechte haben die Bürger?

## Platons idealer Staat

Der erste große politische Theoretiker ist Platon. In seinem Idealstaat setzt er drei Stände, also drei soziale Rollen ein. An der Spitze sind die Herrscher angesiedelt, die zugleich Philosophen sein sollen. Sie sind, um mit einem Bild Platons zu reden, aus der Höhle nach oben gestiegen und sehen nun nicht mehr nur Schattenbilder, sondern das Licht der Weisheit. Nur sie können Gerechtigkeit garantieren, weil

**FÜR BESSERWISSER**

### Kommunismus und Staatsharem

Gerechtigkeit kann nur mit einer tugendhaften Polizei verwirklicht werden. Um zu verhindern, dass der Wächterstand korrupt wird, sollen seine Angehörigen in Platons Staat ein gesichertes Einkommen erhalten, dürfen aber kein Eigentum haben, ja er ist sogar der Ansicht, dass sie ihre Frauen und Kinder gemeinsam haben müssten. Denn es sollen unter ihnen keine Unterschiede aufkommen, nicht einmal unterschiedliche Regungen des Gefühlslebens. Aristoteles lehnte diesen Gemeinschaftsbesitz mit dem Argument ab, was allen gehöre, werde schlechter gepflegt als das, was nur ein einzelner besitzt.

**Thomas More gab mit seiner Schrift *Utopia* der Literaturgattung Utopie den Namen**

nur sie wirklich erkannt haben, worin sie besteht. Ihnen folgen die Wächter, quasi die Polizei. Den dritten Stand bilden die Arbeiter und Bauern, sie versorgen den Staat mit dem Lebenswichtigen. Wie in der realen antiken *Polis* (Stadt) liegt bei ihm die Macht bei Führern und Wächtern. Keinen eigenen Stand bilden die Sklaven, von denen es damals in Athen etwa 100 000 gab (bei 30 000 Bürgern).

In Platons Staat ist alles streng geregelt. Vor allem die Erziehung. Besonders abstoßend mutet uns heute an, dass sich nur die Besten fortpflanzen sollen. Das berühmte *Utopia,* es heißt »ohne Ort«, des englischen Kanzlers und Märtyrers Thomas More (1480–1535) weist ähnliche Züge auf. Da der utopische Staat als Idealzustand gesehen wird, gelten Reformen und Veränderungen als unnötig. Abweichende Ideen haben keinen Platz.

Dennoch steht im Mittelpunkt dieser Ideen die Frage, wie ein gerechter Staat verwirklicht werden kann. Völlige Gleichheit ist jedoch nicht das Ideal. Stattdessen sollen die drei Stände in Harmonie leben, indem jeder »das Seine« erhält. Diese Idee der Gerechtigkeit zieht sich durch das ganze Mittelalter bis in die frühe Neuzeit.

### Die neuzeitlichen Modelle eines Staats

Erst in der Neuzeit werden Staaten als Menschenwerk angesehen, nicht mehr von der Natur oder von Gott gegeben. Daher stellt sich auch die Frage nach der Legitimation. Es hat sich wohl kein anderer Philosoph so intensiv mit dem Staatswesen auseinandergesetzt wie Thomas Hobbes (1588–1679). Die konfessionellen Kriege in Europa brachten ihn zur der Überzeugung, dass der Mensch »dem Menschen Wolf sei«. Diese zerstörerischen Triebe, so glaubte er, könnte nur ein starker, diktatorischer Staat im Zaum halten, in dem alle Gewalt in einer Hand liegt. Sein Werk nennt Hobbes nach einem biblischen Meeresungeheuer (Psalm 74 und 104) *Leviathan*. Hobbes Angst vor den bösen Kräften, die sich in einem schwachen Staat entwickeln können, hat sich zum Beispiel in der Weimarer Republik bestätigt.

John Locke und Jean-Jacques Rousseau entwickeln dagegen die Idee vom Gesellschaftsvertrag. Ein Staat ist ein freiwilliger Zusammenschluss von Menschen, die sich von der Gemeinschaft Vorteile – wie etwa Schutz und Sicherheit – versprechen. Rousseau glaubt im Gegensatz zu Hobbes, dass der Mensch von Natur aus gut ist. In seinem *Contrat Social* skizziert er eine Politik ohne Herrscher oder herrschende Schicht. Stattdessen sollen wie in der antiken *Polis* alle Bürger mitentscheiden und mitregieren. Eine repräsentative Demokratie, in der das Volk seine Regierung nur wählen kann, war Rousseau zu wenig.

**Thomas Hobbes versuchte, naturwissenschaftliche Methoden auf die Staatsphilosophie zu übertragen**

## Die Frage persönlicher Rechte

Aus der Frage, wie der Staat sich legitimiert, ergab sich auch die Frage nach den Rechten der Mehr- und Minderheiten. Welche Schutzrechte gelten für Minderheiten? Darf ein einmal einberufener Staat auch gegen den Willen der Mehrheit Gesetze verkünden?

Hobbes, Hegel und auch Rousseau meinten, dass der Staat von den Bürgern Unterwerfung verlangen darf. John Locke vertrat als erster den Gedanken, dass es individuelle Freiheitsrechte gebe, die ein Bürger nie verlieren kann.

Tastet ein Staat sie an, dann hat der Bürger das Recht zum Widerstand. Zu diesen Grundrechten gehören die Unverletzlichkeit der Person und das Recht auf Eigentum.

John Stuart Mill hat diesen Gedanken fortgeführt. Der Staat dürfe nicht versuchen, den Einzelnen zu seinem Glück zu zwingen. Die individuelle Freiheit darf nur dort angetastet werden, wo es gilt, Rechte und Interessen der Gesellschaft zu schützen. Selbst die Grundrechte sieht Mill nur gerechtfertigt, weil sie unverzichtbar für das Gemeinwohl sind.

Einer der bedeutendsten Staatstheoretiker der Gegenwart ist Karl Popper. Er vertritt das Prinzip der »offenen Gesellschaft«. Gemeint ist damit, dass der Staat keine perfekte Ordnung garantieren soll und kann, insbesondere in unseren pluralistischen Zeiten. Wir müssen den Staat als ein offenes System begreifen, das immer wieder überprüft werden muss und durch Reformen zu verbessern ist. Eine offene Gesellschaft darf zum Beispiel nicht von der Weisheit ihrer Regenten abhängen, sondern sie muss auch in der Lage sein, schlechte Staatsoberhäupter zu verkraften.

## ➤ Der Traum vom ewigen Frieden

**Im 20. Jahrhundert ist vor allem die Beziehung zwischen Staaten untereinander aktuell geworden. Die Idee, diese Probleme durch einen Weltbund und eine Weltordnung zu regeln, stammt schon von Kant. Er schlägt vor, Staaten und Völker wie Individuen zu behandeln. Mit Hilfe eines Gesellschaftsvertrags zwischen ihnen will er den Frieden garantieren. Inzwischen gibt es diese Föderation in Form der UNO. Doch sie hat nur wenige Kompetenzen. Einige Philosophen stellen deshalb die Frage, ob die Entwicklung hin zu einem »Weltstaat« gehen müsse. Es sei ein Anachronismus, der wirtschaftlich, ökologisch und militärisch zur Katastrophe zu führen scheint, dass die Welt ökologisch und wirtschaftlich interdependent (voneinander abhängig), politisch aber immer noch independent (unabhängig) sei, meint Ernst Tugendhat (geb. 1930). Er befürchtet jedoch, dass der Weg zu einer Art Weltstaat nur in ganz kleinen Schritten möglich sein wird.**

## Jean-Jacques Rousseau (1712–1778)

Er ist Multitalent und »Enfant terrible« unter den Philosophen. Er wird streng erzogen und zum Uhrmacher bestimmt. Als er eines Tages spät heimkehrt und die Tore seiner Stadt Genf verschlossen findet, kehrt er ihr spontan den Rücken. Er findet eine Jahre ältere Gönnerin, die ihn in die Liebe einführt und zum Katholizismus bekehrt, den er später wieder aufgibt. Er verlässt sie, wird Erzieher, Musiklehrer und Angestellter im Staatsdienst. Er schreibt Dramen und eine sehr persönliche Biografie, worin er von seinen sexuellen Vorlieben berichtet. Spät heiratet er und hat fünf Kinder, die er ins Findelhaus gibt, weil er sich selbst zur Erziehung unfähig hält.

Rousseau war ein Vertreter der Aufklärung und einer ihrer schärfsten Kritiker. Mit seinem *Gesellschaftsvertrag* entwirft er eine Staatsverfassung, die die Freiheit aller garantiert. Die staatstheoretische Abhandlung zeigt einen hypothetischen Urzustand auf, bei dem Menschen einen fiktiven Gesellschaftsvertrag abschließen und so von der menschlichen Gesellschaft in einen staatlichen Zustand eintreten. In *Emile* fordert er eine Erziehung ohne Druck und Konventionen. In seinem Alterswerk stellt er einen Menschen dar, der in innerer und äußerer Distanz zu seiner Umgebung lebt.

Rousseaus Gedanken bildeten die Grundlage für die Ideale der Französischen Revolution: »Freiheit, Gleichheit, Brüderlichkeit«. Und Napoleon sagte an seinem Grab: »Ohne ihn wäre ich nicht.«

**Evergreens:**

»Alles ist gut, wie es aus den Händen des Schöpfers der Dinge hervorgeht, doch alles verkommt unter den Händen des Menschen.«

»Der erste, der ein Stück Land einzäunte und sagte: das gehört mir, war der Gründer des Staates und der Ungleichheit.«

**Wichtige Werke:** *Abhandlung über die Wissenschaften und Künste, Abhandlung über die Entstehung der Ungleichheit unter den Menschen, Vom Gesellschaftsvertrag, Emile oder über die Erziehung, Träumereien eines einsamen Spaziergängers*

# Rechtsstreitigkeiten und andere Katastrophen – Rechtsphilosophie

**Wir alle berufen uns bei jeder Gelegenheit auf »unser Recht«. So als wäre das Recht eine Sache, die uns von Natur aus gegeben worden ist und über das wir frei verfügen können.Entweder man hat es. Oder man bekommt es vorenthalten. Man kann es sich nehmen oder gar erkämpfen. So wie einen Kuchen. Jedenfalls ist unsere Vorstellung davon sehr gegenständlich.**

**Ein Recht auf Recht?**

Das »Recht« an sich ist eine höchst komplizierte Angelegenheit. Es steckt ohne Zweifel das kleine Wort »richtig« darin. Aber schon die Meinung, es sei zum Beispiel »richtig«, dass jemand in einer bestimmten Situation etwas gewährt bekommt – etwas, das er weder erbeutet noch aus Zuneigung geschenkt bekommen oder selbst geschaffen hat – ist eine hochzivilisatorische Sache, die den Menschen weit über tierische Gesellschaften hinaus hebt.

Doch die Auffassung, dass bestimmte Dinge »richtig« sind und von den Betroffenen eingefordert werden können, ist erst der Anfang der Probleme. Was ist Recht überhaupt? Wer hat Rechte? Und wer bestimmt, welche Rechte gelten und welche nicht? Mit derlei Fragen sind wir schon mitten drin in den Fragestellungen der Rechtsphilosophie. Ein anderer Brennpunkt erörtert, inwieweit es »ewige« Rechte gibt oder ob sie alle auf den Vereinbarungen einer Gruppe beruhen. Was aber, wenn verschiedene Rechte gegeneinander stehen? Und schlussendlich, wie setzt man Rechte – seine eigenen oder die von anderen hilflosen Menschen – durch?

**Naturrecht und gesetzte Norm**

In der Rechtsphilosophie unterscheidet man zwischen positivem Recht und natürlichen Rechten. Als positives Recht gelten alle Rechtsnormen, die in einem Staat bestehen. Die Rechtpositivisten vertreten die Meinung, dass es darüber hinaus nichts weiter gibt. Recht ist also immer das, was eine Gesellschaft als solches festlegt. »Von Natur aus« habe der Mensch keine Rechte.

Das bedeutet jedoch, dass in einem Staat wie dem Dritten Reich die nationalsozialistischen Gesetze »recht« gewesen wären. Es hätte weder ein Recht auf Widerstand gegeben, noch hätten die Opfer hinterher ein Recht auf Entschädigung gehabt. Wer sich zu solchen Positionen bekennt, vertritt im Grunde ein »Naturrecht des Stärkeren«. Wer es bis zum Gesetzgeber schafft, hat auch das Recht, das positive Gesetz nach Gutdünken (oder Willkür) zu bestimmen. Das Recht wird also durch die Macht legitimiert, nicht die Macht durch das Gesetz. Zu solchen Positionen bekannten sich beispielsweise Machiavelli oder Nietzsche.

Thomas Hobbes nimmt eine zwiespältige Haltung ein. Er glaubt zwar, dass Staaten gegründet werden müssen, damit eben nicht das Recht des Stärkeren regiert. Doch ein Naturrecht gibt es bei ihm nicht. Wie ein Missbrauch der Gesetzgebung durch die Machthaber verhindert werden soll, erklärt Hobbes nicht.

Die Frage, der die Rechtsphilosophen nachgehen, ist die, ob es Rechte gibt, die jeder Mensch unabhängig von der bestehenden Rechtsordnung hat. Dabei muss diskutiert werden, ob diese Rechte nun von Gott gewollt sind oder aus unserem »natürlichen« Gerechtigkeitsgefühl heraus oder durch jahr-

**FÜR BESSERWISSER**

**Gerechtigkeit für alle?**

**Wenn Menschen »Gerechtigkeit« verlangen, schauen sie oft nur auf die, die mehr Rechte haben, aber haben keinen Blick für die, die noch rechtloser sind. Schon Aristoteles schrieb: »Immer sind es die Schwächeren, die nach Recht und Gleichheit suchen, die Stärkeren aber kümmern sich nicht darum.« Trotz dieser Erkenntnis glaubte auch er, dass weder Sklaven noch Frauen volle politische Rechte haben sollten. Der erste Philosoph, der sich für die Rechte der Frauen und Arbeiter einsetzte, war John Stuart Mill (1806–1873). Mill hatte jedoch mit Harriet Taylor eine Lebensgefährtin, die ihn nicht nur aus einer schweren persönlichen Krise gerettet hatte, sondern auch seine philosophische und politische Mitstreiterin war.**

hundertlange Gewohnheit entstanden sind. Einige Philosophen gehen davon aus, dass diese Grundrechte durch die weitgehende Übereinstimmung legitimiert sind, dass ohne sie keine stabile, moralische Gesellschaftsordnung möglich ist. Je mehr Konsens in einer Gesellschaft über diese grundlegenden Rechte besteht, desto besser. In einem gerechten Staat muss sich jedes positive Recht danach richten.

Philosophen sprechen auch von einer »Sollensordnung«. Das heißt: Recht ist eine Ordnung, die es geben soll, weil sie sinnvoll ist.

**Gerechtigkeit und ihre Umsetzung in Recht**

Aber was ist gerecht? Aristoteles unterscheidet drei Arten: Erstens die teilende Gerechtigkeit, bei der jeder wird absolut gleich behandelt.

Zweitens die verteilende Gerechtigkeit, der gemäß jeder bekommt, was ihm aufgrund seiner Bedürfnisse, Verdienste und Aufgaben gebührt.

Drittens die ausgleichende Gerechtigkeit, die den Armen und Schwachen mehr Rechte und Schutz zuspricht. Die Reichen und Starken haben mehr Pflichten.

Diese Aufteilung zeigt schon, dass die Umsetzung von »Gerechtigkeit« in positives Recht eine höchst komplizierte Sache ist. Es gilt unterschiedliche Rechte gegeneinander abzuwägen, bespielsweise das Recht auf Privateigentum gegen das Recht auf Chancengleichheit. Inwieweit ist es also legitim, Besserverdienende höher zu besteuern? Bei jeder Auseinandersetzung zwischen Menschen geraten auch Rechte in Konflikt, wie das Recht auf freie Meinungsäußerung des Einen mit dem Recht des Anderen, nicht beleidigt zu werden.

Während über die Rechtsprechung früher oft auch eine sittliche Bevormundung in Privatdingen stattfand, hat der Staat sich in der Moderne mehr und mehr aus dem Privatleben zurückgezogen. Allerdings scheint sich in jüngster Zeit eine Trendwende abzuzeichnen. Verbrechen wie zum Beispiel Kindesmissbrauch, Vergewaltigung in der Ehe und terroristische Planungen in Privatwohnungen führen dazu, dass der Schutz der Privatsphäre wieder zunehmend an Stellenwert verliert.

## ➤ Was ist Strafe?

Gerade Strafgesetze erscheinen uns oft nicht »gerecht«. Wir wollen den Kindsentführer foltern, damit er verrät, wo sein Opfer ist. Wir möchten, dass ein Peiniger all die Wut, die Schmerzen und sonstige negative Gefühle »zurückgezahlt« bekommt. Unsere Triebe geraten mit der Vernunft in Konflikt. Gerade beim Strafgesetz steht eine Frage im Mittelpunkt: »Wie können öffentliche Ordnung und Sicherheit am besten garantiert werden?« Dem Strafrecht eines Staates können verschiedene Prinzipien zugrunde liegen:
Rache: Das Maß der Strafe richtet sich nach den Gefühlen des Richters. Auf Rache gründen sich despotische Staaten wie das NS-Regime.
Vergeltung: Gleiches wird mit Gleichem bestraft (»Auge um Auge, Zahn um Zahn«). Das Vergeltungsrecht befriedigt zwar das Gerechtigkeitsgefühl, kann aber weder den Schaden wieder gut machen noch ähnliche Taten verhindern.
Abschreckung: Das Strafmaß wird so gewählt, dass es entweder den Täter selbst oder mögliche Nachahmer von weiteren Taten abhalten soll. Der Täter wird Mittel zum Zweck, und die Strafe steht nicht im Bezug zur Tat. Die Praxis zeigt, dass die Abschreckung nicht wirkt.
Sicherheit: Die Strafe soll ein größtmögliches Maß an Sicherheit für die Gesellschaft schaffen. Ob jemand eingesperrt wird, richtet sich also in erster Linie nicht nach der Schwere seiner Tat, sondern danach, ob von ihm weiterhin Gefahr ausgeht.
Besserung: Im Mittelpunkt der Sanktionen steht das Bemühen, den Täter zu einer Einsicht seines Unrechts zu bewegen und somit weitere Taten auszuschließen. Besserung ist aber nur mit einem großen Einsatz an Mitteln erreichbar, so dass sie in der Bevölkerung oft als eine Art »Belohnung« von Unrecht angesehen wird.
Wiedergutmachung: Das zentrale Anliegen ist, den angerichteten Schaden wieder gut zu machen. So wurde zum Beispiel bei vielen indogermanischen Stämmen schon in der Vorzeit ein Mörder nicht getötet, sondern er musste der Familie des Opfers ein hohes Blutgeld zahlen.

# Der Blick in verstaubte Bücher – Philosophie der Geschichte

**Kann man aus der Geschichte etwas lernen? Die Antworten fallen widersprüchlich aus – auch bei den Philosophen. Ausgerechnet Hegel, der die geschichtliche Betrachtungsweise in die Philosophie der Neuzeit gebracht hat, stellte resigniert fest: »Aus der Geschichte der Völker können wir lernen, dass die Völker aus der Geschichte nichts gelernt haben.« Aber warum sollte man sich überhaupt mit Geschichte beschäftigen, wenn man nicht hoffen kann, positive Erkenntnisse für die Gegenwart zu gewinnen? Der deutsche Politiker Walther Rathenau prägte den Spruch: »Wehe denen, die aus der Geschichte nichts lernen.« Ausgerechnet er wurde von einem Kreis »Ewiggestriger« umgebracht.**

## Die Gesetzmäßigkeiten in der Geschichte

Die Geschichtsphilosophie versucht, Gesetzmäßigkeiten in der Geschichte zu erkennen. Sie fragt insbesondere danach, ob es überhaupt so etwas wie eine Regelmäßigkeit beziehungsweise – einen Schritt weitergedacht – eine Vorhersehbarkeit für bestimmte historische Vorgänge gibt. Sie fragt außerdem danach, ob Muster erkennbar sind, die auf andere Situationen übertragen werden können. Letztendlich steckt dahinter der Wunsch, nicht nur ein »Spielball der Geschichte« zu sein, sondern die auftretenden Konflikte frühzeitig zu erkennen, um »vernünftig« damit umgehen und sie in geordnete Bahnen leiten zu können.

**Kann die Menschheit aus ihrer Vergangenheit lernen? – Darüber lässt sich trefflich streiten**

**FÜR BESSERWISSER**

**Zyklische Apokalypse**
**Einer der wenigen Europäer, die noch in der Moderne von einem zyklischen Geschichtsbild ausgingen, war Oswald Spengler (1880–1922). In seinem berühmten Buch *Der Untergang des Abendlandes* versucht er zu beweisen, dass etwa alle tausend Jahre eine große Kultur entsteht, ihre Macht entfaltet, schließlich untergeht und von einer anderen abgelöst wird. Die abendländische Kultur sah er in ihrer letzten Phase.**

Grundsätzlich gibt es zwei verschiedene Geschichtsvorstellungen:

Geschichte kann einerseits als linearer Ablauf angesehen werden, bei dem ein Ereignis aus einem anderen folgt, so dass sich eine zielgerichtete (teleologische) Entwicklung ergibt.

Auf der anderen Seite gibt es die Auffassung, dass das Geschichtsbild zyklisch sein kann. Man nimmt in dieser Hinsicht an, dass sich die gleichen geschichtlichen Prozesse immer wieder – wie in einem Kreislauf – wiederholen.

In der Antike ging man von zyklischen Geschichtsbildern aus. Auch die meisten außereuropäischen Kulturen neigen eher zur Auffassung, dass sich typische Abläufe wiederholen. Die Idee von der Geschichte als einem unaufhaltbarem Fortschritt haben eigentlich erst die monotheistischen Religionen aufgebracht. Vor allem Augustinus führt in seiner Schrift *Der Gottesstaat* aus, wie sich die irdische Geschichte in Gott vollenden wird. Mit der Aufklärung wurde dieser Gedanke – vor allem von Voltaire – säkularisiert: Anstelle des religiösen Fortschrittsglaubens trat die Vorstellung von einer Vollendung der menschlichen Zivilisation oder der Vernunft.

**Über den Widerspruch zur Freiheit**
Wie bereits erwähnt, war es Hegel, der das geschichtliche Denken in die Philosophie der Neuzeit brachte. So wie sich im Dialog oder hermeneutischen Verstehen allmählich eine philosophische Erkenntnis herausbilden kann, so erklärt Hegel, dass alle Weiterentwicklungen in der Geschichte durch einen dialektischen Prozess entstanden sind: Jeder erreichte Status provoziert einen Widerspruch. Aus der Konfrontation beider entsteht ein neuer Zustand, der aber auch wie-

derum einen Widerspruch auslöst. Hegel entwickelt damit das Muster der Dialektik, einer neuen Methode der Erkenntnistheorie für Entwicklungsprozesse. Wie in einem philosophischen Dialog führt jedes Hin und Her zu mehr Erkenntnis. Allmählich, glaubt Hegel, werden sich Rationalität und Freiheit durchsetzen, bis am Ende ein widerspruchsfreier, vernünftiger Staat entstanden ist, in dem alle Institutionen von den Bürgern gewollt sind und getragen werden.

**Hegels Ideen wirkten in der Politik des 20. Jahrhunderts nach**

Mit dieser geschichtlichen Vorstellung von Erkenntnis hat Hegel eine enorme Resonanz ausgelöst. Wenige Jahrzehnte später entwickelt Charles Darwin seine Idee einer kontinuierlichen Evolution. Karl Marx übernimmt Hegels Struktur fast vollständig, tauscht aber den Inhalt aus. Nicht der »Weltgeist« strebt einem idealen Staat zu, sondern das Proletariat der Befreiung von seinen Ketten. Keine Geschichtsphilosophie, ja kaum eine Philosophie überhaupt hatte so folgenschwere, direkte Konsequenzen wie die zu Zeiten des Marxismus. Denn kaum ein Philosoph war so radikal bestrebt, die Ergebnisse seines Nachdenkens auch in die Realität umzusetzen. »Philosophen haben die Welt nur verschieden interpretiert«, glaubt Marx. Und fährt fort: »Es kommt darauf an, sie zu verändern.«

### Das Bröckeln des Fortschrittsglaubens

Die Kriege und Katastrophen des 20. Jahrhundert einerseits, der Zusammenbruch des Sozialismus andererseits haben den Glauben an einen immerwährenden Fortschritt, sowohl in technischer wie in zivilisatorischer oder ideologischer Hinsicht erschüttert.

Für Max Horkheimer (1895–1973) und Theodor Adorno (1903–1969) trägt das Geschichtsbild der Aufklärung sogar eine Mitschuld am Entstehen totalitärer Bewegungen wie dem Faschismus und dem Stalinismus. Auch die Aufklärer hätten

## Immanuel Kant (1724–1804)

Er war 1,60 groß, äußerst pflichtbewusst und nie verheiratet. In seinem Leben kam er kaum einmal über die Grenzen seiner Heimat Königsberg hinaus. Lehrangebote in Erlangen und Jena schlug er aus. Dafür ging er jeden Tag pünktlich spazieren – die Königsberger stellten angeblich ihre Uhren nach ihm. Er galt aber auch als amüsanter Gesprächspartner und Gastgeber. Er lud fast jeden Tag Freunde zum Essen ein. Aber auch seine Vorlesungen hatten wegen ihres Geistes und Witzes bei den Studenten einen guten Ruf.

Immanuel Kant war eines von zwölf Kindern einer Handwerkerfamilie. Seinen Namen soll ihm seine Mutter nach einem Blick auf das Kalenderblatt verpasst haben. Er studierte Naturwissenschaften, Philosophie und Theologie, wurde Hauslehrer, Bibliothekar und Professor für Logik und Metaphysik.

Erstaunlich an Kant ist seine große Wirkung trotz seiner schwer zu lesenden Schriften. Er war sich dessen bewusst und gibt zu, sein Hauptwerk *Kritik der reinen Vernunft* sei »trocken, dunkel, allen herkömmlichen Idealen entgegengesetzt und darüber hinaus sehr weitschweifig«. Quasi entschuldigend hat er wichtige Argumente in dem Band *Prolegomena* noch einmal zusammengefasst.

Stärker als alle vor ihm betont Kant, dass wir den Möglichkeiten der Erkenntnis nicht passiv ausgeliefert sind. Da wir einen Großteil der Welt nicht erkennen können, den anderen nur in seiner Erscheinung, obliegt uns eine große Freiheit, aber auch gewaltige Verantwortung, unsere Welt selbst zu gestalten. Er meint, unser Verstand könne die Welt nur in den Kategorien erkennen, die der Verstand bereithält und nicht die Dinge selbst.

**Evergreens:**
»Faulheit ist der Hang zur Ruhe ohne vorhergehende Arbeit.«
»Ohne Achtung gibt es keine wahre Liebe.«

**Wichtige Werke:** *Kritik der reinen Vernunft, Prolegomena, Grundlegung zur Metaphysik der Sitten, Kritik der praktischen Vernunft, Kritik der Urteilskraft, Zum ewigen Frieden, Was ist Aufklärung?*

**Für Besserwisser**

### Chaos, Lügen, Mythen

**Immer wieder wird bezweifelt, dass man im Nachhinein die Geschichte wirklich korrekt erkennen kann. Einige der bösesten Sprüche:**
**Napoleon: »Geschichte ist die Lüge, auf die man sich geeinigt hat.«**
**Carlo Levi: »Geschichte ist das Muster, das man hinterher in das Chaos webt.«**
**Theodor Lessing: »Geschichte ist eine nie beendete menschheitliche Mythendichtung.«**
**Friedrich Nietzsche: »Geschichte handelt fast nur von schlechten Menschen, die später gutgesprochen werden.«**
**Arthur Schopenhauer: »Geschichte ist jedes Mal dasselbe, nur jedes Mal anders.«**
**Das muss man natürlich nicht glauben. Aber die Warnung vor Überinterpretationen sollte bleiben.**

nämlich geglaubt, sie wüssten, was für alle das Beste sei. Alle Prozesse hätten von vornherein als entschieden gegolten.

In der zweiten Hälfte des 20. Jahrhunderts prägten ein drohender Atomkrieg und die Furcht vor einer ökologischen Katastrophe auch die Geschichtsphilosophie. Während Günther Anders (1902–1992) meinte, eine Menschheit, die in der Lage sei, sich völlig auszurotten, habe nichts mehr zu erwarten, setzte Ernst Bloch (1885–1977) auf das »Prinzip Hoffnung«. Hoffnung, sagt er, sei der ewige Traum der Menschheit nach einem besseren Leben. Wer sich diese Utopie in schwierigen Zeiten nehmen lasse, entmündige sich selber.

Mit dem Wechsel zum 21. Jahrhundert stehen wir vor der Herausforderung, dass extrem unterschiedliche Gesellschaften weltweit durch die Globalisierung in vielfältigen Abhängigkeiten voneinander stehen, aber sich gleichzeitig sehr fremd sind. Die politischen Ereignisse werfen das Problem auf, ob es einen »Kampf der Kulturen« überhaupt geben könne. Ernst Tugendhat sieht die entscheidenden Konflikte, die es zu lösen gilt, im psychologischen Bereich. »Wenn es stimmt, dass erlittene Demütigungen die wesentliche Ursache für die Bereitschaft zu Feindbildern sind, so scheint daraus zu folgen, dass eine Bevölkerung in dem Maße weniger anfällig für diese Art der Manipulation wird, in dem sie sich aus Individuen zusammensetzt, die ein ›gefestigtes Selbstwertgefühl‹ haben.«

# Von Mensch zu Mensch – Philosophische Anthropologie

**Eine wichtige Frage, die sich Menschen immer wieder stellen ist: Wer sind wir eigentlich selbst? Wie funktioniert der Mensch? Welchen Gesetzmäßigkeiten sind wir unterworfen?**

**Das Verhältnis von Leib und Seele**
Die Antwort darauf sucht die Anthropologie, die Wissenschaft vom Menschen. Es gibt eine naturwissenschaftliche Anthropologie, die für alles zuständig ist, was empirisch erforschbar ist, und eine philosophische Anthropologie, die sich mit den nicht greifbaren Dingen befasst. Eines der zentralen Anliegen der philosophischen Anthropologie ist die Leib-Seele-Problematik. Dass wir eine körperliche und eine geistige Existenz haben, erscheint uns selbstverständlich. Aber wie hängen beide zusammen?

Für Platon war die Antwort noch einfach: Die unsterbliche Seele des Menschen ist in einen sterblichen Körper gesperrt. Die Seele macht die eigentliche Identität aus. Der Körper ist ein bloßes Transport- und Ausdrucksmittel, das wir für eine Weile nutzen können. Die christliche Theologie des Mittelalters aber versuchte, Körper und Geist als Einheit zu sehen. Beides ist von Gott erschaffen, unsterblich und wird am jüngsten Tag wieder zum Leben erweckt.

Mit dem Aufkommen der modernen Naturwissenschaften bekam die Frage nach dem Verhältnis von Körper und Geist wirklich Brisanz. Grundsätzlich gibt es zwei verschiedene Strömungen: Den Dualismus, der davon ausgeht, dass beides verschiedene Dinge sind, und den Monismus, der an eine körperlich-geistige Einheit glaubt.

Für den Dualismus steht in der modernen Philosophie zum Beispiel Karl Popper. Körper und Geist existieren getrennt voneinander, aber sie stehen in Beziehung zueinander (Interaktionismus). Der Monismus kennt drei Positionen:

**FÜR BESSERWISSER**

### Unsterbliche Körper

**Die Vorstellung von der Auferstehung der Körper hat bei den Denkern des Mittelalters zu allerlei »schrägen« Theorien geführt. Schließlich sind Körper der Wandlung unterworfen, und manchen Zustand möchte man nicht noch einmal erleben, schon gar nicht ewig. Die christlichen Philosophen kamen also zu dem Schluss, jeder Mensch werde in einem körperlichen Idealzustand auferstehen. Aber wie sieht der aus? Man orientierte sich an Jesus: Rund 30 Jahre alt, im Vollbesitz seiner Kräfte und selbstverständlich frei von allen Krankheiten und Gebrechen. Dabei nahmen die abendländischen Denker mit einiger Arroganz an, dass etwa Schwarze mit weißer Haut auferstehen würden. Ob Frauen zu Männern würden, ist intensiv diskutiert worden.**

Für Spinoza sind Körper und Geist Erscheinungsformen einer unbekannten Substanz. Dagegen behauptet George Berkeley, alles Sein existiere nur in unserer Vorstellung: Es gibt keine von unserem Geist unabhängige Außenwelt. Die Materialisten am anderen »Pol« der Erkenntnis vertreten die Auffassung: Nur die materiellen Dinge existieren wirklich. Geist ist nur eine Erscheinungsform der Materie.

## Wann ist der Wille frei?

Ob wir nun glauben, wir bestehen aus einer unsterblichen, von Gott gegebenen Seele in einem eher nebensächlichen Körper, oder ob wir uns für Materie pur halten, hat natürlich Auswirkungen auf unsere Vorstellung von Freiheit.

Die philosophische Anthropologie interessiert dabei in erster Linie die Willensfreiheit. Wie frei sind wir, überhaupt einen eigenen Willen zu bilden? Wie es um die Handlungsfreiheit steht, also die Realisierung des Willens, ist dann nochmals eine andere Sache.

Von der Antike bis zum Beginn des 18. Jahrhunderts ist man im Allgemeinen davon ausgegangen, dass der Mensch einen freien Willen hat. Gerade das zeichnet ihn im Gegensatz zu Tieren und Pflanzen aus. Die christlichen Denker hatten das Problem, wie sie ihre Vorstellung von der Willensfreiheit des Menschen mit der Allmacht und Allwissenheit Gottes in Einklang bringen sollten. Was Augustinus oder Thomas von Aquin dazu schrieben, mag uns heute nicht gerade einleuchtend erscheinen. Aber es bleibt festzuhalten: Sie mochten keine der beiden Positionen aufgeben. Den »Puppenspielergott« haben nicht die Philosophen erfunden.

Die Vorstellung, dass der Mensch in Wahrheit gar nicht frei, sondern alles festgelegt ist, brachte erst die Naturwissenschaft in die abendländische Philosophie. Wenn, wie Newton berechnete, die Flugbahn eines Körpers exakt vorherbestimmt ist, ist dann nicht vielleicht das Leben der Menschen genauso determiniert?

Die Materialisten sagen: Ja. Ein Mensch kann in einer bestimmten Situation nur auf eine ganz bestimmte Weise handeln. Die Idee, wir hätten eine Wahl, ist Illusion. Die Konsequenz davon wäre natürlich, dass wir aufgeben könnten, uns Gedanken über irgendetwas zu machen. Das wollen die wenigsten Philosophen unterschreiben. So sagen zum Beispiel David Hume oder Bertrand Russell: Die Determination, das heißt Vorbestimmtheit des menschlichen Willens ist so komplex, dass der Mensch sie nie durchschauen wird. Er handelt also so, als hätte er einen freien Willen.

Anders Karl Jaspers: Menschliches Handeln, widerspricht er, ist die Ausnahme in der allgemeinen Determination der Natur. Sie gehört ursprünglich zum Wesen des Menschen, das sich nicht naturwissenschaftlich erfassen lässt.

## ➤ Dr. Frankenstein lässt grüßen

**Die radikalen Materialisten glauben, dass letztlich alles, was wir als Geist, Vernunft, Bewusstsein oder Seele bezeichnen, auf physikalischen Vorgängen beruht. Konsequent zu Ende gedacht, bedeutet das: So wie Gentechniker möglicherweise schon bald den Körper eines Menschen designen können, indem sie nur die richtigen Genkombinationen auswählen, so könnte auch der Geist eines Menschen völlig synthetisch zusammengesetzt werden, wenn man nur hinter die zugrundeliegenden physikalischen Prozesse gekommen ist und gelernt hat, diese zu steuern. Was wir Bewusstsein nennen, ist für Materialisten lediglich eine naive Selbstdeutung der Menschen für ein Phänomen, das sie wissenschaftlich noch nicht erklären können.**

# Nachdenken über Atome und Gene – Wissenschaftsphilosophie

**Wissenschaft und Philosophie erwecken den Eindruck, zweierlei Welten zu sein. Auf der einen Seite die Philosophen, die in oft schwer verständlichen Worten über Dinge spekulieren, die scheinbar nicht den geringsten praktischen Nutzen haben. Auf der anderen Seite die Wissenschaftler, die DVD-Player, Laserchirurgie oder Hochgeschwindigkeitszüge entwickeln. Da weiß man doch, was man hat, oder?**

## Der Apfel spielt nicht nur bei Eva ein Rolle

Ganz so einfach ist es nicht. Die Unterscheidung zwischen Wissenschaft und Philosophie ist erst neueren Datums. Früher waren Philosophen auch Wissenschaftler und Wissenschaftler auch Philosophen. Am Anfang stand die Philosophie. Erst das Staunen über ein Naturphänomen, erst der Gebrauch des Verstandes führten dazu, dass die Forscher anfingen, Dingen auf empirische Weise auf den Grund zu gehen, zu messen, zu rechnen, zu experimentieren.

Es ist nicht völlig sicher, ob Isaac Newton (1643–1727) wirklich durch das Fallen eines Apfels der Schwerkraft auf die Spur kam. Auf jeden Fall ist die Geschichte sehr philosophisch. Newton gerät über diese völlig alltägliche Begebenheit ins Staunen, denkt nach und kommt schließlich auf die Idee, dass die Himmelsmechanik auf ein und demselben Prinzip beruhen muss wie der Fall eines Apfels zur Erde. Er stellte zwar die Theorie vom Gravitationsgesetz auf, dennoch glaubte er, dass es der göttliche Wille sei, der alles zusammenhält.

## Die Grundbedingungen der Wissenschaft

Schon in der Antike wollten Philosophie und Wissenschaft Hand in Hand dem unvernünftig-mythischen Weltverständnis Klarheit entgegensetzen. Aber die Philosophie ist nicht nur die Geburtshelferin für alle wissenschaftlichen Disziplinen.

Es gibt auch eine Wissenschaftsphilosophie, die überhaupt erst zu klären versucht, was Wissenschaft ist und unter welchen Bedingungen sie arbeitet. Sie befasst sich mit den methodischen Grundlagen der Wissenschaft, den metaphysischen Voraussetzungen und dem ethischen Rahmen. Sie ist Ideengeberin, kritische Begleiterin und manchmal auch Bremsstein.

Was ist überhaupt Wissenschaft? Sie definiert sich durch ihre Methode, nicht durch Inhalte oder Resultate. Wissenschaft findet dort statt, wo unwiderlegbare, empirische Beweise für etwas gesucht werden. Eine wissenschaftliche Erklärung ist die Angabe von Gründen für ein Phänomen.

Aber was ist wirklich beweisbar? Karl Popper behauptet, dass es niemals eine zweifelsfrei bewiesene wissenschaftliche Aussage geben könne. Schaut man genauer hin, dann beruhen die meisten wissenschaftlichen Erkenntnisse auch nicht auf Deduktion, sondern auf Induktion. Damit sind wir wieder bei den schwarzen Schwänen. Wissenschaftler müssen mit Verallgemeinerungen arbeiten. Wenn hundert Tests dasselbe Ergebnis bringen, kann der hundertunderste anders ausfallen. Trotzdem muss man irgendwann sagen: »Die Wahrscheinlichkeit ist groß genug, dass wir mit dieser These arbeiten können.« Sonst würde man nie zu Ergebnissen kommen, und wir säßen noch in unseren Höhlen.

Aber weder die meisten Laien noch viele Wissenschaftler selber

FÜR BESSERWISSER

**Revolutionen sind möglich**

**Mit den Erkenntnissen von Isaac Newton setzte eine gewaltige Revolution ein, die Bewusstsein, Leben und auch soziale Strukturen der Menschheit veränderte. Plötzlich verstanden die Menschen das, was schon Pythagoras vorrausgesagt hatte: Alle beweglichen Gegenstände auf der Erde unterliegen physikalischen Gesetzen. Sogar wir sind ihnen unterworfen, können sie aber auch nutzen. Die Gesetze, die Newton erkannt hatte, und alles, was aus ihnen folgte, schienen unumstößlich. Bis Albert Einstein die Bühne betrat und bewies, dass sie auf falschen Grundannahmen beruhten. Solche radikalen Umbrüche in der Wissenschaft, in der sich alle Voraussetzungen ändern, nennt man seit Thomas Kuhn (1922–1996) Paradigmenwechsel. Karl Poppers Wissenschaftskritik war eine Antwort auf den Wechsel, den Einstein verursacht hatte.**

**Mit der Atomkraft gelang es der Wissenschaft erstmals, globale, unumkehrbare Tatsachen zu schaffen**

machen sich diese »Vorläufigkeit« ihrer Erkenntnisse wirklich bewusst. Das Argument »wissenschaftlich überprüft« hat eine hohe Suggestivkraft. Die Wissenschaft wurde sogar schon kritisch als Ersatzreligion bezeichnet. Und doch kann im hundertundersten Test plötzlich alles anders sein, eines von Hunderten Kernkraftwerken aus dem Ruder laufen, ein sorgfältig geprüftes Medikament unter speziellen Bedingungen tragische Nebenwirkungen entfalten.

Popper fordert deshalb, dass die Wissenschaft erst gar nicht versuchen soll, zu beweisen, dass ihre Thesen richtig sind, sondern sie möglichst harten Testes aussetzen, um sie zu widerlegen. Denn jede Verifizierung einer These ist nur ein weiteres Indiz, dass sie wahr sein könnte, dagegen schafft eine einzige Falsifizierung Klarheit.

Kritikoffenheit und die Bereitschaft, sich auch eines Besseren belehren zu lassen, gehören demnach elementar zur Wissenschaft.

### Wie objektiv kann Wissenschaft sein?

Ein weiterer Diskussionspunkt der Wissenschaftsphilosophie ist die Forderung nach Objektivität. Wissenschaft zeichnet sich dadurch aus, dass sie völlig wertfrei ist. Sie soll Tatsachen feststellen und zur Diskussion stellen, darf aber keine persönlichen oder sozialen Wertungen enthalten.

Aber geht das überhaupt? Wird nicht schon durch die Auswahl eines Themas gewertet? Oder durch die Entscheidung, welche Forschung durch Fördergelder unterstützt wird? Die Philosophie soll hier Grenzen und Gefahren aufzeigen.

Auch die Forderung nach einer verantwortlichen Wissenschaft

stellt diese Objektivität in Frage. Vor der Erfindung der Atombombe galt es als ausgemacht, dass ein Wissenschaftler nur für die Richtigkeit seiner Forschung verantwortlich ist, nicht für das, was aus den Ergebnissen gemacht wird. Mittlerweile ist man der Auffassung, dass die Forscher auch die Konsequenzen ihres Tuns im Blick haben müssen und moralisch Bedenkliches unterlassen sollen. Aber das bedeutet natürlich eine persönliche Bewertung.

Aus diesen Problemfeldern zeigt sich, dass Philosophie und Wissenschaft weiter aufeinander bezogen sind. Wissenschaft findet nicht im luftleeren Raum statt und ist auch nicht unveränderlich. Um die Veränderungen und Prämissen, das heißt Voraussetzungen wissenschaftlichen Tuns, aber zu diskutieren, braucht es die Philosophie.

## ➤ Der Streit um die Methoden

**Eine philosophische Frage, die seit den 60er Jahren für heftige Auseinandersetzungen sorgt, ist die, ob sich die naturwissenschaftlichen Methoden auch für die Geistes- und Sozialwissenschaften anwenden lassen oder nicht.**

**Die eine Partei besteht darauf, dass nur die naturwissenschaftlichen Methoden wirklich wissenschaftlich sind. Die anderen halten dagegen, dass Naturwissenschaftler nach allgemeinen Gesetzen forschen, Kulturwissenschaftler dagegen versuchen, einen Gegenstand in seiner Einmaligkeit zu erfassen. Deshalb könne man nicht die gleichen Methoden benutzen.**

**Der Streit tobt noch immer. In der Praxis werden beide Wege bestritten. Sicherlich kann niemand den Wert eines Shakespeare-Sonetts empirisch beweisen. Eine These wie »In sozial schwachen Familien gibt es mehr Gewalt«, muss dagegen empirisch überprüft werden. Schließlich unterliegen reiche Familien nicht der Kontrolle des Sozialamtes.**

**Letztlich steckt hinter dem Streit das Leib-Seele-Problem der philosophischen Anthropologie. Ist der Mensch ein Naturwesen, das auch durch naturwissenschaftliche Methoden zu erfassen ist, oder ist er ein Vernunftwesen, das mit Einfühlsamkeit und Verstand erforscht werden muss?**

# Eins, zwei, drei in der Philosophie – Mathematische Philosophie

Die Mathematik hat die Philosophen schon immer fasziniert. Denn die Rechenkunst produziert Erkenntnisse, die absolut wahr, unbezweifelbar und ewig gültig sind. 1 und 1 sind immer und unter allen Umständen 2. Selbst bei den kleinen, grünen Männchen vom Mars, wenn es sie denn gibt. Natürlich werden die ihre Zahlen anders benennen. Aber niemand kann sich vorstellen, wie die schlichte Wahrheit von »1 + 1 = 2« unter irgendwelchen Umständen außer Kraft gesetzt werden kann. Mathematische Ergebnisse haben also den Wahrheitsanspruch, den sich Philosophen von all ihren anderen Erkenntnissen auch wünschen würden.

## Wahr und schön

»Die Mathematik besitzt nicht nur Wahrheit, sondern auch Schönheit«, schwärmte Bertrand Russell, »eine Schönheit so kalt und streng wie die einer Plastik.«

Philosophie und Mathematik haben mehr gemein, als man vermutet

## Die Beweiskraft der Zahlen

Der erste, der im Zusammenhang mit der Philosophie mathematische Methoden anwandte, war der griechische Philosoph Pythagoras von Samos. Er legte mit seinem Handeln überhaupt erst den Grundstein, auf der sich aus der Philosophie die empirischen Wissenschaften entwickeln konnten, deren Theorien man exakt nachrechnen und überprüfen kann. Pythagoras war sogar überzeugt davon, dass sich das ganze Universum mathematisch erklären lassen würde. Und so verwundert es auch

FÜR BESSERWISSER

**Drei oder sechs**

**Gottfried Wilhelm Leibniz (1646–1716), der Schöpfer der Ansicht »Wir leben in der besten aller möglichen Welten«, hat auch über die unendlich vielen anderen Welten spekuliert, die denkbar sind. Solche zum Beispiel, wo Menschen drei Finger an jeder Hand haben. Oder auch sechs. Aber da Leibniz Mathematiker war, war er sich ganz sicher, dass man eines über all diese anderen Welten sagen kann: Die Gesetze der Logik gelten auch dort. Als Begründung führt er an: Die Leute können drei Finger haben, sie können sechs haben, sie können drei oder sechs haben, oder an einer Hand drei, an der anderen sechs, oder als Kind drei und als Greis sechs. Aber ganz sicher ist: Sie können nicht gleichzeitig an einer Hand drei und sechs Finger haben.**

kaum, dass er die Mathematik als sein Urprinzip wählt: Während andere Vorsokratiker das Wasser oder die Luft als Grundprinzip allen Seins sahen, war es für Pythagoras die Zahl, von der alles ausgeht.

## Der Schritt zur Logik

Auch Platon illustrierte seine Erkenntnisse in der Regel mit mathematischen Lehrsätzen. Und er schrieb sogar über das Portal seiner Akademie: »Kein der Mathematik Unkundiger soll hier Eintritt haben.« Die mathematischen Dinge nahmen für ihn einen mittleren Platz zwischen der sinnlich erfahrbaren Welt und dem Reich der Ideen ein.

Aristoteles entwickelte die Logik, in der er Aussagen wie in einer mathematischen Gleichung mit Platzhaltern schrieb, um den Wahrheitsgehalt unabhängig vom Inhalt beweisen zu können. Außerdem beschäftigte er sich mit den Problemen der Unendlichkeit und des Kontinuums. Für ihn war das Unendliche allerdings immer nur ein potentiell Unendliches: »Denn überhaupt existiert das Unendliche in dem Sinne, dass immer ein Anderes und wieder Anderes genommen wird, das aber immer ein Endliches ... ist.«

Allerdings waren nicht alle Philosophen bereit, die Mathematik als unumstößliche Wahrheiten hinzunehmen. Es gab auch einige Denker, die sie lediglich als ein von Menschen gemachtes, geistiges Konstrukt sahen. Ende des 19. Jahrhunderts hat Gottlob Frege aufge-

## Georg Wilhelm Friedrich Hegel

Der maßgebliche Philosoph des Idealismus war alles andere als ein frühreifes Wunderkind – im Gegensatz zu seinen Schulfreunden Hölderlin und Schelling beispielsweise. In Thüringen studierte er Philosophie und Theologie, wurde dann Hauslehrer in Bern und Frankfurt und brachte es schließlich zum Dozenten in Jena, musste jedoch bald vor Napoleons Truppen fliehen. Er wird Redakteur der Bamberger Zeitung und Gymnasiallehrer in Nürnberg. Seine erste Schrift verfasst er mit 37, mit 41 heiratet er, mit 46 kehrt er – in Heidelberg – an die Universität zurück und beginnt allmählich seine Karriere, die ihn zum wichtigsten deutschen Intellektuellen seiner Zeit machen wird.

**Ein Grundsatz Hegels lautete: »Das Wahre ist das Ganze.«**

Es ist eine Ironie der Geschichte, dass der Verfechter des Idealismus, der nur die Idee, den Geist, gelten ließ, zum Wegbereiter radikal materialistischer Philosophien wird – Marx stellte Hegel »vom Kopf auf die Füße«. Denn Hegel stellt Fragen ins Zentrum seiner Überlegungen, denen seit den Theologen aus dem Mittelalter keiner der Philosophen mehr Beachtung geschenkt hatte: »Gibt es eine kontinuierliche geschichtliche Entwicklung? In welche Richtung steuert sie? Was ist Fortschritt?« Hegel macht sich die Kernthese von Heraklit zu Eigen: »Alles fließt.« Alles Existierende ist das Ergebnis von Prozessen, und deshalb bedeutet Einsicht in die Wirklichkeit zwangsläufig Einsicht in Veränderungsprozesse. Da Hegel überzeugt ist, dass alles Existierende Produkt eines ordnenden, vernünftigen Geistes ist, geht er davon aus, dass Veränderungen nie willkürlich geschehen,

# (1770–1831)

sondern Gründe haben, die mit der Vernunft erfasst werden können. Allerdings schränken die Prozesse die Freiheit des Einzelnen auch ein. Jeder Mensch ist den Gesetzen seiner Zeit unterworfen. Mehr noch, er schafft Institutionen, die ihn auch dann noch einschränken, wenn ihr Sinn längst vergessen ist, die aber zur Selbstentfremdung künftiger Generationen beitragen.

Aus diesem Gedanken entwickelt er seine Dialektik. Man hat sie auch als das Bewegungsgesetz der Wirklichkeit bezeichnet. Nach ihm nehmen Charles Darwin und Karl Marx die Vorstellung von einer kontinuierlichen Entwicklung des Menschen auf – mit radikal anderen Inhalten.

Ab 1818 ist Hegel Professor in Berlin, ist aber seiner Heimat verbunden und lässt sich schwäbischen Wein dorthin liefern. Trotz seiner nicht gerade großen rhetorischen Begabung sind seine Vorlesungen gefragt. Bei Hegel studiert zu haben, gilt als philosophischer Adelsschlag. Er wird zu einer Art Basis für die nächste Philosophengeneration. Es gibt die Rechtshegelianer, die die konstitutionelle preußische Monarchie bereits als den Idealstaat am Ende aller Entwicklungen hin zu mehr Freiheit und Vernunft ansehen. Als Linkshegelianer dagegen werden die bezeichnet, die seine Lehre materialistisch interpretieren wie Feuerbach, Marx und Engels. Sören Kierkegaard und indirekt auch noch die analytische Philosophie von Bertrand Russell und George Edward Moore sind Gegenreaktionen auf den Hegelianismus.

**Evergreens:**

»Als Schranke, als Mangel wird etwas nur gewusst, ja empfunden, indem man zugleich darüber hinaus ist.«

»Die Weltgeschichte ist nicht der Boden des Glücks. Die Perioden des Glücks sind leere Blätter in ihr.«

**Wichtige Werke:** *Phänomenologie des Geistes, Wissenschaft der Logik, Grundlinien der Philosophie des Rechtes, Vorlesungen über die Philosophie der Geschichte* zeigt, dass die Mathematik als Teil der Logik verstanden werden kann. Wenn man dem Prinzip mathematischer Gleichungen auf die Spur komme, könne man deshalb daraus auch grundlegende logische Formeln erstellen. Die Philosophen Bertrand Russell und Alfred North Whitehead haben daraufhin versucht, in einem Mammutwerk namens *Principles of Mathematics* alle diese Prinzipien zu finden. Inzwischen ist allerdings bewiesen, dass Freges Rechnung nicht ganz aufgeht. Trotz allem hat die mathematische Logik zu einer Fülle von neuen Erkenntnissen geführt.

**Zurück zum Mathematikunterricht**

Viele große Philosophen waren zugleich auch hervorragende Mathematiker, wie sich an folgenden Beispielen erkennen lässt: Von Pythagoras stammt nicht nur der nach ihm benannte geometrische Lehrsatz $a^2 + b^2 = c^2$, sondern auch die Idee von den Quadrat- und Kubikzahlen.

Descartes begründete die analytische Geometrie mit dem cartesischen Koordinatensystem, Leibniz entdeckte die Infinitesimalrechnung. Im 19. Jahrhundert erfand Georg Cantor (1845–1918) die Mengenlehre.

## ➤ Guru der Zahlen

**Zahlenspielen scheint in all ihrer Logik schon immer eine fast irrationale Faszination innegewohnt zu haben. Pythagoras jedenfalls war zu seiner Zeit eine Art Guru. Er gründete im süditalienischen Kroton eine Bruderschaft der Pythagoräer, die in vielen Bereichen Züge der späteren Freimaurer gehabt zu haben scheint. Jedenfalls gehörte strikte Geheimhaltung zu den Maximen. Angeblich mussten die Pythagorasjünger sich jeden Morgen bei Sonnenaufgang drei Gewissensfragen stellen und bekamen den Meister, dessen Namen nicht genannt werden durfte, erst nach fünf Jahren zu sehen. Unklar ist, welchen Anteil Pythagoras daran hatte, dass die Bevölkerung von Kroton 510 v. Chr. das benachbarte, reiche Sybaris dem Erdboden gleich machte und alle Bewohner tötete. Er hat die Sybarer wohl zumindest als nutzlose Müßiggänger diffamiert.**

# Über Geschmack lässt sich nicht streiten – Ästhetik

**Was ist Kunst? Dies ist heute immer schwieriger zu beantworten. »Das hätten meine kleinen Kinder auch gekonnt«, ist ein häufig gebrauchter Satz beim Anblick moderner Bilder, und die Anekdote, wie eine ahnungslose Putzfrau die »Fettecke« des Künstlers Joseph Beuys einfach beseitigt hat, wird auch immer wieder gerne erzählt: In der Ecke seines Ateliers waren einige Kilogramm Fett als Kunstinstallation befestigt, allerdings wurde diese nach seinem Ableben versehentlich als »Schmutz« beseitigt.**

**Wie auch bei den Werke von Beuys wurde bei den Bildern Picassos der Kunstanspruch zunächst stark in Frage gestellt**

## Von der Schönheit

Kann die Philosophie bei der Beurteilung helfen, was Kunst ist beziehungsweise was nicht als Kunst gelten kann? Das Wort »helfen« ist hier allerdings fehl am Platz. Denn die Frage nach der Kunst überhaupt führt schon mitten ins hintergründige Denken hinein. Jeder Mensch, der nicht ganz spontan aus dem Bauch heraus, was ihm gefällt, zur Kunst erklärt, oder es – im Gegenteil – als »Unsinn«, »Ramsch« oder gar »entartet« abtut, ist nämlich im Philosophieren, da er die Kunst tiefer in ihrem Wesen erkennen und erfassen will.

Wenn Sie erlebt haben, dass Dinge, die Sie nicht auf den ersten Blick als »schön« bezeichnen können, Sie im Inneren dennoch tief bewegen, – beispielsweise eine romantisch verfallene Ruine im Wald, das aufrüttelnde Mahnmal an einer Gedenkstätte, die expressive Darstellung von Angst oder Verzweiflung in einer Ausstellung – dann wissen Sie, dass Kunst mehr sein kann, als es auf den ersten Blick scheint.

Was ist Kunst also? Über diese Grundbestimmung debattiert die Kunstphilosophie wohl schon seit ihrem Bestehen. Die Frage, welche Rolle die Kunst im menschlichen Leben und für eine menschliche Gemeinschaft spielt, lenkt dabei den Blick auch auf den gesellschaftlichen Zusammenhang. Und wenn Sie schließlich einen Gegenstand »schön« finden, hält auch dies – zumindest wenn Sie sich darauf einlassen wollen – die Diskussion in Gang.

### Die dienende Kunst

Vieles, worüber man sich noch heute die Köpfe heiß redet, wurde schon in der Antike erörtert. Als Disziplin der Philosophie kam die Ästhetik allerdings erst in der Mitte des 18. Jahrhunderts auf. Der deutsche Denker Alexander Gottlieb Baumgarten begründete die Ästhetik als philosophische Disziplin und schuf damit die Grundlage für das Verstehen der wissenschaftlichen Beschäftigung mit dem Schönen und mit der Kunst. Ästhetik heißt wörtlich übersetzt: Lehre von der sinnlichen Anschauung. Unsere heutige Verwendung des Worts »ästhetisch«, das sich im Grunde nur auf die angenehm anzuschauenden, wohlgeratenen Dinge bezieht, führt also in die Irre. »Ästhetisch« im eigentlichen Sinn ist alles, was beim Anschauen unsere Sinne bewegt. Es ist also absolut korrekt, von einer Ästhetik des Hässlichen oder gar von der Ästhetik des Grauens zu sprechen.

Für Platon war das Wohlgefallen am Schönen ein Teil des Triebes, der es uns ermöglicht, das absolut Gute zu erkennen. Kunst müsse deshalb immer im Dienst dieser Suche nach der Wahrheit stehen, meint er. Leider sei die Kunst viel zu oft trügerisch und würde die flüchtigen Dinge verherrlichen, kritisierte er in der Folge. Kurzsichtige Menschen würden die Kunstwerke deshalb für die Wahrheit halten, wo sie in Wirklichkeit doch nur ein »Glanz der Wahrheit«, also ein Abbild seien. Aus diesem Grund hatte Platon seine Vorbehalte

**Auch die antiken Tempel sind Kunstwerke – sie wurden zur Verehrung der Götter geschafften**

gegenüber den Künsten. Trotzdem geht auf ihn die wichtige Feststellung zurück, dass Kunst mehr ist als ein bloßes Abbilden der Wirklichkeit. Der Künstler muss Platon gemäß auch von göttlicher Eingebung und von Begeisterung geleitet sein.

In der ganzen Antike und auch noch im Mittelalter steht Kunst – wie auch bei Platon – im Dienst höherer Ideen, meistens wird sie für die Religion oder für die Politik eingesetzt. Sowohl die griechischen Götterbilder wie die Tempel oder die gotischen Kathedralen wurden zur Verehrung des Göttlichen geschaffen. Paläste und Denkmäler dagegen sollten hingegen die Macht eines Landes und vor allem die seines Herrschers darstellen.

Aristoteles fordert in dieser Hinsicht in seiner *Poetik*, das Schauspiel müsse als Form der dramatischen Kunst die Menschen durch »Jammer und Schauder«, den sie auf der Bühne erleben, von negativen Regungen läutern.

## Die Kunst wird selbstständig

Erst in der Renaissance kommt die Idee von einer autonomen, das heißt eigenständigen Kunst auf. Jetzt tritt auch der Mensch in den Mittelpunkt der Betrachtung. Die Kunstphilosophie fragt nicht mehr: »Was bedeutet Kunst für die menschliche Gemeinschaft?« oder: »Wie muss ein Kunstwerk aussehen, damit es göttliche Perfektion, Größe und Schönheit widerspiegeln kann?«. Nun gilt als die zentrale Frage: »Was bedeutet es für

**Für Besserwisser**

**Der wilde Oscar und die Moral**
»Es gibt keine moralischen und unmoralischen Bücher. Bücher sind gut geschrieben oder schlecht geschrieben. Das ist alles.« Keiner redete dem »L'art pour l'art«, der moralfreien Kunst, so das Wort wie der Schriftsteller Oscar Wilde. Doch schaut man sich seine Werke an, dann sind sie im Grunde zutiefst moralisch. Dorian Gray wird am Ende für sein wüstes Leben bestraft. In den flotten Komödien siegt das Gute. Wilde Gedichte feiern über viele Strophen die Schönheit und Mystik antiker Götter, um dann in wenigen Zeilen den gekreuzigten Jesus »krank vor Schmerzen« als den stärkeren Sinneneindruck hinzustellen. In dem Märchen *Der glückliche Prinz* opfert der Held sogar seine Schönheit, um Elend zu lindern. Vermutlich war es Wildes persönliche Tragik, dass weder sein Publikum noch sein Geliebter diese tiefe moralische Sehnsucht akzeptierten, sondern ihn nur von seiner sarkastisch-frivolen Seite liebten.

den Menschen, einen Gegenstand ästhetisch, also mit den Sinnen, zu betrachten?«

Kant grenzt die ästhetische Wahrnehmung von der zweckgebundenen ab. Er spricht von einem »interesselosen Wohlgefallen«, das man beim Betrachten eines Kunstwerkes empfinde. Damit postuliert er zum ersten Mal eine Ästhetik, die nicht im Dienste irgendeiner Religion, Ideologie oder gar staatlichen Nutzens steht.

Schopenhauer ist der Meinung, dass Kunst durch intuitives Schauen das Wesen von Dingen, Menschen und auch von Naturerscheinungen offenbare. Ähnlich der Philosophie ist auch die Kunst für ihn eine Form der metaphysischen Erkenntnis, die allerdings nicht über den Verstand, sondern über die Gefühle gesteuert wird. So wie die Philosophie den Menschen aus der Abhängigkeit seiner Triebe zu befreien vermag, kann dies auch die Kunst.

### Die Offenheit für neue Eindrücke

Was aber macht nun ein Werk mit künstlerischem Anspruch wirklich zu einem Kunstwerk? Im 20. Jahrhundert ist man zu der Auffassung gelangt, dass die Werke von Künstlern eigentlich nur Angebote an ihre Betrachter sind. Zur Kunst werden Bücher, Bilder, Skulpturen und andere Kunstgegenstände in diesem Sinne erst dann, wenn sie auch in ästhetischer Weise wirken.

Die Kunst liegt also, um es mit einem geflügelten Wort zu sagen, im Auge des Betrachters.

Aber muss der Betrachter auch das empfinden, was der Künstler aussagen wollte? Auf welche Weise, mit welchen Zeichen, wird diese Botschaft im Grunde vermittelt? Und: Ist das künstlerische Empfinden immer subjektiv, oder gibt es allgemein gültige, ästhetische Normen?

**Was Kunst erreichen kann**

Kunst berührt uns zwar, weil sie in emotionaler Weise an unsere Wirklichkeit anknüpft, aber sie schafft gleichzeitig auch eine neue Wirklichkeit und erweitert damit den persönlichen Horizont der Menschen. Der Versuch, das ästhetische Moment in der Kunst zu erkennen, schärft nicht nur unsere Sensibilität, sondern auch unsere Wahrnehmungsfähigkeit.

Ob wir Joseph Beuys' Werk wie die Putzfrau als Schmutz auffassen, bleibt uns selbst überlassen. Aber die Wirkung von Kunst als Gegenstand der sinnlichen Erkenntnis kann nur derjenige erfahren, der von sich die Bereitschaft mitbringt, sich auf die künstlerischen Angebote einzulassen, auch wenn sie – beispielsweise im Vergleich zu Botticellis »Venus« – weniger »schön« ausfallen oder die allgemeine Akzeptanz für sie fehlt.

## ➤ Kunst oder Dokument?

Sicherlich steht es jedem Menschen frei, etwas als Kunst zu bewerten, wenn er davon stark berührt ist – auch wenn kein anderer Mensch dies so recht nachvollziehen kann. Aber was macht »große Kunst« aus? Zum einen sollte sie bei einer Vielzahl von Menschen starke Emotionen auslösen. Zum anderen darf wirkliche Kunst zwar einen Zweck haben, sich aber nicht allein auf diesen reduzieren lassen. Damit unterscheidet sich die wahre Kunst von einem Dokument. Ein Foto von einem Sonnenuntergang im Urlaub kann zwar schön sein, ist aber noch lange keine Kunst, wenn nichts anderes als das Naturgeschehen an sich eingefangen worden ist.

# Aus dem Alltag

Im alltäglichen Leben begegnet uns echte Philosophie zunächst nicht. Philosophieren heißt ja gerade Abstand vom Alltag zu bekommen und auf einer anderen Ebene nachzudenken: Doch oft sind es ganz alltägliche Situationen, die das philosophische Staunen und Fragen aufbrechen lassen. Wenn Sie ins Museum gehen oder lesen, Musik hören, ein Theater besuchen, vertiefen Sie sich in die Gedanken und Ideen über die Schönheit und äußern sich vielleicht, was Ihren Kunstgenuss oder die Ablehnung des Werkes hervorruft. Vielleicht »begegnet« Ihnen die Philosophie im Fernsehen oder Kino: Ein Film über das Universum kann in Ihnen zum Beispiel Überlegungen über die Unendlichkeit, über Gott oder auch die Winzigkeit der Welt auslösen.

Alltag und Denken stehen also in einem Wechselverhältnis. Unser täglicher Ablauf inspiriert das Denken, und dieses wiederum sollte unsere Lebenssituation nicht aus dem Blick verlieren. Was können philosophische Erkenntnisse bewirken, die nicht aus dem Elfenbeinturm ihres Erfinders hinaus dringen, in einer unverständlichen Sprache geschrieben sind und nichts mit dem zu tun haben, was den Rest der Menschheit bewegt, ist eine häufig gestellte Frage. Doch hat die Geschichte gezeigt, dass Philosophie nicht immer an ihrem praktischen Nutzen und ihrer Tauglichkeit für das reale Leben zu messen ist.

# Haben auch Philosophen Humor?

**Der Witz ist in der Philosophie nicht leicht zu entdecken. Schließlich geht es um verantwortungsvolle Themen, und nicht wenige Philosophen nahmen dementsprechend auch eine tiefernste Haltung ein. Für Thomas Hobbes beispielsweise zeugte jegliches Lachen von Überheblichkeit und Dummheit. Die frühen christlichen Denker nannten es eine Fratze des Bösen. Aristoteles definierte das Lächerliche als einen mit Hässlichkeit verbundenen Effekt.**

**Wenn Schwalben fliegen**

Gerade Aristoteles scheint überhaupt ein Ausbund an Humorlosigkeit gewesen zu sein. Eines Tages war er mit dem Sophisten Gorgias unterwegs, als sich eine Schwalbe auf dessen Kopf verewigte. Gorgias nahm es mit Humor und rief dem Vogel zu: »Schäme dich, Philomela!« Philomela, die Frau des Tereus, war nach einer griechischen Sage von den Göttern in eine Schwalbe verwandelt worden.

Aristoteles erzählte seinen Schülern von dieser Begebenheit: »Gorgias begeht in diesem Fall zwei Fehler: den ersten, weil er eine verstorbene Frau verwünscht, und man darf nie ins Tragische oder Komische verfallen, und den zweiten, weil er vorgibt, nicht zu wissen, dass ja nicht die Frau des Tereus, sondern nur eine arme Schwalbe ihre Bedürfnisse im Freien verrichtet hat.«

Aber nicht alle Philosophen waren so ernst wie Aristoteles. Sokrates beispielsweise soll über viel Humor und Selbstironie verfügt haben. Seine Verteidigungsrede (Apologie) jedenfalls, mit der er sich vor dem Gericht von Athen gegen sein Todesurteil wehrte, lässt immer wieder Sarkasmus aufblitzen.

**Im Sarkasmus zeigt sich die Kritik**

Es finden sich aber auch Schriften, in denen Philosophen ihren Witz spielen lassen. So existiert zum Beispiel ein Aufsatz von Hegel über die Frage »Was ist abstrakt?«.

**FÜR BESSERWISSER**

### Begegnen sich zwei Philosophen ...

Die besten Witze machen die Philosophen immer noch über sich selbst
Voltaire: »Wenn der, der zuhört, nicht weiß, was der, der spricht, meint, und wenn der, der spricht, selbst nicht weiß, was sein Sprechen bedeutet – das ist Philosophie.«
Descartes: »Es gibt nichts, was nicht seltsam und unglaublich genug wäre, als dass es nicht schon irgendein Philosoph gesagt hätte.«
Sartre: »Wenn zwei Philosophen einander begegnen, ist es am vernünftigsten, sie sagen nur ›Guten Tag‹ zueinander.«
Nietzsche: »Philosophie ist eine Art Rache an der Wirklichkeit.«
Anonym: »Philosophie ist Erkenntnis. Dies ist vielleicht der einzige Satz, über den sich die Philosophen immer einig gewesen sind.«
Gide: »Wenn ein Philosoph einem antwortet, versteht man überhaupt nicht mehr, was man ihn gefragt hat.«

Anhand von allerlei Beispielen aus dem Alltagsleben versucht er zu beweisen, dass das abstrakte Denken keine Erfindung fehlgeleiteter Philosophen ist, sondern jeder es unwillkürlich verwendet. Beim preußischen Militär etwa könne der Soldat geprügelt werden. »Er ist also eine Canaille; denn was geprügelt zu werden, das passive Recht hat, ist eine Canaille.« So gelte der gemeine Soldat dem Offizier nicht als Mensch, der er ist, sondern als Abstraktum eines prügelbaren Subjekts, meint Hegel sarkastisch.

Sarkasmus wird dann gerne aus dem Ärmel hervorgeholt, wenn es gilt, missliebige Kollegen zu geißeln. Nietzsche bedenkt damit sogar die Philosophie überhaupt. »In irgendeinem abgelegenen Winkel des in zahllosen Sonnensystemen flimmernd ausgegossenen Weltalls«, spottet er, »gab es einmal ein Gestirn, auf dem kluge Tiere das Erkennen erfanden. Es war die hochmütigste und verlogenste Minute der ›Weltgeschichte‹: aber doch nur eine Minute. Nach wenigen Atemzügen der Natur erstarrte das Gestirn, und die klugen Tiere mussten sterben. – So könnte jemand eine Fabel erfinden und würde doch nicht genügend illustriert haben, wie kläglich, wie schattenhaft und flüchtig, wie zwecklos und beliebig sich der menschliche Intellekt innerhalb der Natur ausnimmt.« So richtig froh ist Nietzsche mit dieser Art von Humor nicht geworden.

Ein Philosoph sticht unter den anderen Denkern jedoch hervor, denn er gab sogar einer gesamten »Humorvariante« seinen Namen: Der Kyniker Diogenes ist Pate des Zynismus. Allerdings eigentlich völlig zu Unrecht! Wir würden seine Sprüche heute im wietesten Sinne noch als trockenen Humor bezeichnen: Alexander den Großen, der bereit war, ihm jeden Wunsch zu erfüllen, forderte er auf, ihm aus der Sonne zu gehen. Auf die Frage, wo sein Heimatland sei, erklärte er, dass er ein Weltbürger sei. Als er hörte, Platon habe den Menschen als Zweibeiner ohne Federn bezeichnet, rupft er ein Huhn und stellt es als »platonischen Menschen« vor.

**Die Kopfnüsse des Zenon**

Diogenes Kollege Zenon aus Elea dagegen scheint weniger humorvoll gewesen zu sein. Er liebte es aber, seine Mitphilosophen mit

## ➤ Antworten auf Zenon

Achilles holt die Schildkröte natürlich ein. Aber warum? Dafür gibt es eine sehr pragmatische Lösung: Zenons Gedankenspiel gilt nur für Punkte ohne Ausdehnung. Achilles und die Schildkröte jedoch haben diese und irgendwann, wenn sich der Mittelpunkt der Schildkröte wieder eine Winzigkeit vom Mittelpunkt des Achilles wegbewegt, wird der Held einfach seinen großen Fuß ausstrecken, dem Panzertier auf den Rücken setzen und jegliche weitere Bewegung verhindern.

Eleganter ist es, wenn Sie sich auf die Vorstellung, Achilles und die Schildkröte seien Punkte, einlassen und Zenons Paradoxon über die Zeit aufknacken: Wenn sie die Geschwindigkeit beider Läufer sowie den Abstand zwischen ihnen kennen, dann können sie ausrechnen, wann Achilles die Schildkröte eingeholt hat.

Nehmen wir an, es ist eine Minute, die die beiden Läufer voneinander trennt. Folgt man nun Zenon, dann wird, wenn Achilles 59 Sekunden zurückgelegt hat, die letzte Sekunde wieder in einen Bruchteil gespalten und dieser wieder und wieder. ... Das geschieht unendlich oft. Sie können folglich sagen: »Lieber Zenon, wenn eine Minute vorbei ist, wird Achilles die Schildkröte eingeholt haben. Geht diese Minute aber nie vorüber, wird er sie auch nicht einholen.«

## Sören Kierkegaard (1813–1855)

Kierkegaard war einer, der das Leben sehr schwer nahm. Als er erfuhr, dass sein Vater, ein vermögender Kopenhagener Kaufmann, in jungen Jahren einmal Gott verflucht haben soll, war das für ihn wie ein Erdbeben. Er verließ den 57 Jahre älteren Vater und beschloss, ab nun gesellig und verschwenderisch zu leben. In diesem Sinne verbrachte er auch sein Studium der Theologie beziehungsweise der Ästhetik und der Philosophie: Er soll ein ausgesprochener Bummelstudent gewesen sein, der es insgesamt auf 22 Semester brachte und die Salons und Theater von Kopenhagen ausgiebig besuchte. Trotz seines Studienganges war er seinen Zeitgenossen als witziger Geist bekannt.

Erst sehr spät versöhnte er sich mit seinem Vater und lebte nach dessen Tod von seinem Vermögen. Von seiner Verlobten Regine Olsen, trennt er sich – gegen deren flehentliche Bitten –, weil er meint, er könne sich ihr nicht zumuten. Später wird er auch in seinen Werken immer wieder darüber nachdenken.

»Ich komme gerade aus einer Gesellschaft«, schrieb er einmal, »wo ich die Seele war, Witze strömten aus meinem Mund, alle lachten, bewunderten mich, – aber ich ging – – – ja dieser Gedankenstrich müsste ebenso lang sein wie der Radius der Erdbahn – – – ich ging hin und wollte mich erschießen.«

Von den großen deutschen Philosophen wie Hegel ist er enttäuscht, weil er in deren Gedankengängen den einzelnen Menschen nicht wiederfindet. Für Kierkegaard ist klar: »Die Subjektivität ist die Wahrheit.« Er widmet sich der Existenz des Einzelnen und wird zum Begründer der Existenzphilosophie, die im 20. Jahrhundert so richtig zur Blüte kommt.

Ein Hauptgedanke Kierkegaards sind die »Stadien des Menschen«. Vom ästhetischen Stadium, das sich allein mit dem Genießen befasst, müsse der Mensch in das ethische eingehen. Doch auch hierin wird er nicht glücklich werden, denn er leidet an seiner Endlichkeit. Allein, dass ein Unendlicher ihn anruft und der Mensch ins religiöse Stadium eintritt, kann das Problem seines Lebens lösen. Allerdings geht Kierkegaards Religiosität auch mit herber Kritik an der Kirche einher.

Kierkegaard hat auch viel über Angst und Verzweiflung nachgedacht. Es ist die Angst, ob man verzweifelt man selbst sein könne oder nicht. Immer geht es ihm darum, wie ein einzelner Mensch überhaupt existieren kann. Es nimmt nicht Wunder, dass Kierkegaard einsam stirbt, körperlich und finanziell am Ende.

**Evergreens:**
»Solcherart ist die Angst der Schwindel der Freiheit, der aufsteigt, ... und die Freiheit nun nieder schaut in ihre eigene Möglichkeit.«
»Lass uns nun die Unwahrheit des Individuums Sünde nennen.«
»Das Leben kann nur rückwärts verstanden werden – es muss aber vorwärts gelebt werden.«

**Wichtige Werke:** *Entweder-Oder, Begriff Angst, Die Krankheit zum Tode, Einübung im Christentum*

Paradoxa, das heißt mit widersprüchlichen Gedankenfolgen, zu quälen. Beispielsweise konfrontierte er sie mit jenem Gedankengang: Achilles versucht, eine Schildkröte einzuholen. Er befindet sich an Punkt A, sie an Punkt B. Wenn Achilles B erreicht, ist die Schildkröte jedoch an Punkt C, wenn er an C ist, hat sie D erreicht. Das geschieht unendlich oft. Jeder Abstand ist nur ein Bruchteil des vorigen, aber es bleibt ein Abstand und Achilles erreicht die Schildkröte nie. Oder?

Eine andere von Zenons Behauptungen war, es gäbe keine Bewegung. Ein abgeschossener Pfeil etwa befände sich an jedem Punkt seines Weges in Ruhe. Rechnet man aber unendlich viele Momente der Bewegungslosigkeit zusammen, könne am Ende nicht Bewegung herauskommen.

Den Kyniker Antisthenes brachte er mit dieser Kopfnuss so auf die Palme, dass dieser wütend im Zimmer auf und ab lief. Zenon wurde es schließlich zu bunt. »Kannst du nicht endlich stillstehen?«, rief er daraufhin wütend. Worauf Antisthenes gleichsam die Lösung hatte: »Du gibst also zu, dass ich mich bewege?«

# Internet und Fernsehen prägen unseren Alltag – Medienphilosophie

**»Liebe zum Geld erzeugt die eine Hälfte der Übel in dieser Welt, Mangel an Geld die andere«, heißt ein amerikanisches Sprichwort. Ob dies der Fall ist, sei dahingestellt, allerdings – das hat die Geschichte gezeigt – steht fest: Wo mit dem Taler geläutet wird, öffnen sich alle Türen. Geld ist viel mehr als nur ein Zahlungsmittel. Es ist Macht, es erlaubt Freiheit. Geld regiert die Welt, oder?**

**Die Welt der Inszenierung**
Im Jahr 1938 lief in den USA im Rundfunk ein Hörspiel von Orson Welles mit dem Titel *Der Krieg der Welten*, das die Live-Reportage einer Invasion vom Mars simulierte. Völlig überraschend löste es eine Massenpanik aus.

1990 übertragen alle westlichen Fernsehsender die eindringlichen Bilder von einem hemmungslos schluchzenden Mädchen, das berichtet, wie irakische Soldaten nach der Einnahme Kuwaits in einem Krankenhaus Frühgeborene aus ihren Brutkästen gerissen haben. Erfunden und inszeniert wurde diese Geschichte von einer amerikanischen Werbefirma, um die Weltöffentlichkeit für einen Krieg gegen Saddam Hussein zu gewinnen.

Das sind nur zwei prominente Beispiele, wie eine Fiktion in den Medien weitreichende Konsequenzen für das reale Leben vieler Menschen haben kann. Doch es muss sich gar nicht, wie eben im zweiten Beispiel beschrieben, um Betrug handeln. Wir wissen, dass Werbung nur den Zweck hat, ein Objekt oder eine Dienstleistung besser verkaufen zu können, und trotzdem fallen wir auf so manch flotten Spruch herein. Jedermann weiß auch, dass Serienhelden fiktive Figuren sind und dennoch gewinnen sie eine gewisse Realität für uns. Manchen einsamen Menschen werden sie sogar wirklicher als ihre Mitmenschen. So berichtet beispielsweise der Kulturphilosoph Günther Anders in seinem Aufsatz *Die Welt als Phantom und Matrize* (1961), wie sich in den Rundfunkredaktionen Berge mit Säuglingswäsche und gehäkelten Jäckchen türmen, wenn in einer Fernsehserie ein Baby geboren wird.

Weiterhin werden in der politischen Auseinandersetzung Ereignisse bewusst so inszeniert, dass die Medien nicht umhin können, darüber zu berichten. In anderen Fällen, wie zum Beispiel beim Geiseldrama von Gladbek im Jahr 1988 lässt die Präsenz der Medien Ereignisse eskalieren.

All diese Beispiele zeigen eines sehr deutlich: Wir leben längst mit einer Medienrealität. Oder in ihr? Die alte philosophische Frage nach Schein und Wirklichkeit ist wieder hochaktuell geworden.

**Die Realitäten verschieben sich**

Seit René Descartes versuchte die Philosophie die Grenzen der Erkenntnis abzustecken. Philosophen wie Husserl und Sartre haben diese Debatte über den existenziellen Status der Dinge im 20. Jahrhundert für sinnlos erklärt. Sartre erklärt in diesem Zusammenhang: »Es ergibt sich offenbar, dass der Dualismus von Sein und Scheinen in der Philosophie kein Bürgerrecht mehr hat.« Denn die Erscheinung eines Wesens verberge nicht sein wahres Sein, sondern enthülle es sogar. Sie sei absolut genug, um ein Phänomen zu untersuchen und zu beschreiben. Solche Gedankengänge werden angesichts der – teilweise sogar ganz bewusst inszenierten – Medienrealität hochproblematisch.

»Wenn die Welt zu uns kommt, statt wir zu ihr, so sind wir nicht mehr ›in der Welt‹, sondern nur deren schlaraffenlandartige Konsumenten«, schreibt Günther Anders. Einerseits hätte der Mediennutzer eine gottähnliche Macht, weil er diese Medienrealität jederzeit aus- und einblenden kann, andererseits werde er mundtot und zum Voyeur gemacht, weil er nicht reagieren und aktiv daran teilhaben könne.

Wenn ein Ereignis erst durch seine Darstellung in den Medien sozial wichtig werde, dann sei der Unterschied zwischen Sein und Schein, zwischen Wirklichkeit und

Bild aufgehoben. Werde das Medienereignis aber sogar wichtiger als das Original, »dann muss das Original sich nach seiner Reproduktion richten, das Ereignis also zur bloßen Matrize seiner Reproduktion werden.«

Speist sich die Welterfahrung eines Menschen sogar zu größten Teilen aus solchen – manipulierbaren – Medienereignissen, dann, meint Anders, wäre der Begriff »Welt« eigentlich abgeschafft.

**Die Verantwortung für Informationen**

Platons Höhlengleichnis rückt in diesem Zusammenhang wieder in den Brennpunkt. Denn sitzen die Gefangenen in der Höhle nicht vor einer Art großem Fernseher, wo sie nur die Schatten der real existierenden Dinge zu sehen bekommen? Bei Platon sind es immerhin noch Schatten. In den Medien werden uns aber nicht immer nur Abbilder der realen Wirklichkeit

## ➤ Die Frage nach der Wahrheit kommt wieder

Es ist absehbar, dass wir Bilder und Filme mit digitalen Mitteln bald so perfekt erstellen können, dass kein Mensch mehr den Unterschied zwischen Wahrheit und Fälschung erkennen kann. Sie können am Computer jede beliebige Darstellung »zaubern«. Sie könnten missliebigen Nachbarn Dinge unterstellen, sie beim Sex mit kleinen Kindern zeigen und das Bild im Internet verbreiten – obwohl der Nachbar nie dergleichen getan hat und das Kind ein rein virtuelles Produkt ist. Aber wie will dies der Betroffene beweisen? Wie aber – auf der Kehrseite der Medaille – will man jemanden überführen, der tatsächlich Kindern Gewalt antut?

Dass solche Zukunftsszenarien eintreten, scheint wenig zweifelhaft. Aber wie werden wir darauf reagieren? Werden wir keinen Bildern und keinem Schriftstück mehr trauen, weil es ja gefälscht sein könnte? Wird dieser Vertrauensverlust vielleicht sogar die ganze Gesellschaft destabilisieren? Wird unser soziales und wirtschaftliches Leben sich wieder auf viel engere Räume konzentrieren, weil wir ja nur glauben können, was wir persönlich erfahren haben? Wie werden wir den Verlust ausgleichen? Wie real werden virtuelle Personen für uns werden? Wird die Beeinflussung vielleicht sogar noch größer, weil das Gezeigte maßgeschneidert werden kann? Obwohl wir wissen, dass es nicht wahr ist?

serviert. Es hat sich gezeigt, dass die Bandbreite der Interpretation von Realität über subjektive und damit sehr einseitige Darstellungen bis hin zu bewussten Manipulationen, die uns in die Irre führen sollen, reichen kann.

Medien haben die Aufgabe, eine Öffentlichkeit herzustellen, damit alle Menschen informiert sind und am politischen und sozialen Leben teilhaben können. Eine kritische Medienberichterstattung soll Skandale aufdecken und Probleme ins Licht der Öffentlichkeit bringen. Doch die Grenze, wo aus einer kritischen eine manipulative Berichterstattung wird, ist schwer zu ziehen. Bei den klassischen Medien wie Presse, Rundfunk und Fernsehen stehen immer noch Autoren persönlich für die Wahrheit ihrer Erzeugnisse ein, können überprüft und haftbar gemacht werden. Mit dem Internet jedoch ist die persönliche Verantwortung für die Inhalte, die jemand verbreitet, quasi abgeschafft worden.

**FÜR BESSERWISSER**

**Vorsicht vor Selbstbetrug!**

**Die Kommunikationswissenschaft hat ein weitverbreitetes Phänomen in unserem Medienumgang entdeckt, das sie als »kognitive Dissonanz« bezeichnet. Demnach versuchen wir alle, Widersprüche zu vermeiden. Wir umgehen daher in den Medien jene Informationen, die unseren Vorstellungen widersprechen und werten sie ab, während wir alles suchen und für wertvoll erklären, was uns bestätigt. Unphilosophischer geht es kaum.**

### Die Genormtheit unserer Intelligenz

Eine ganz subtile Form der Medienrealität könnte uns in Zukunft über Computer begegnen, denen man eine »menschenähnliche« Intelligenz beibringen möchte. Einfache Dialoge, wie über den Kauf einer Fahrkarte, beherrschen sie bereits. In Zukunft sollen sie auch eine philosophische Unterhaltung führen können. Aber welche Art von »Intelligenz« wird der Programmierung zu Grunde gelegt? Eine standardisierte »Normgefühlswelt«? Oder die Persönlichkeitsstruktur des Programmierers? Es stellt sich die Frage, ob durch die massenhafte Verwendung einer einzigen Spielform von Intelligenz, Emotionalität und Weltsicht auch unser Bewusstsein verarmt oder manipuliert wird.

# Warum? – Wenn Kinder Fragen stellen und Erwachsene grübeln

**Ernst Bloch wurde einmal von seinem fünfjährigen Sohn mit der Frage »Spielst du mit mir?« bei der Arbeit gestört. »Ich habe keine Zeit«, erwiderte der Philosoph, worauf Bloch junior konterte: »Was ist Zeit?« Der Vater war nicht in der Stimmung, diese hochphilosophische Frage zu beantworten, und verwies den Kleinen an seine Mutter. Doch der Sohn nahm sich des Problems selber an. »Zeit ist eine Uhr ohne Zeiger«, schloss er. Denn es war offensichtlich für ihn, dass die Bewegung dieser Zeiger daran schuld war, dass alle immer behaupteten, sie hätten keine Zeit.**

## Die Philosphiegeschichte auf Kindesbeinen

In der Tat ist es erstaunlich, wie sehr kleine Kinder in ihrer Entwicklung die Geschichte der Philosophie nachvollziehen. Am Anfang steht das große Staunen über die Welt, das bald in tausend »Warum?«-Fragen mündet. Anfangs sind Mythen wie der vom Osterhasen noch eine akzeptable Antwort. Doch irgendwann werden aus den Kleinen Vorsokratiker. Sie beginnen die Mythen in Frage zu stellen. Vermutlich wünschen sich manche Eltern, sie hätten nie mit dem unsinnigen Hasen angefangen, wenn sie plötzlich erklären sollen, wo der Osterhase wohnt und ob seine Kinder auch Eier legen müssen.

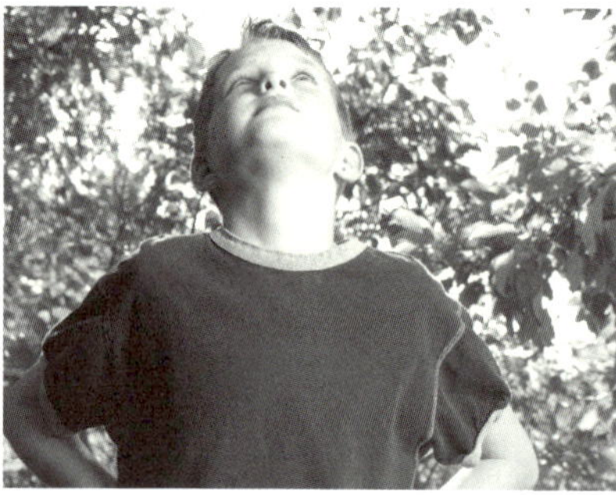

**Im Gespräch mit Kindern offenbaren sich dem Erwachsenen viele Fragen mit philosophische m Hintergrund**

Wie bei den ersten Philosophen auch sind die Naturphänomene, der Kosmos und der Ursprung aller Dinge besonders interessant. »Wie entsteht ein Regenbogen?«; »Wie groß ist der Weltraum?«; »Was ist Unendlichkeit?«; »Wer waren die Eltern vom lieben Gott?«

Die Kinder fragen wie Platon, wie sich die »Idee« eines Pferdes von der eines Hundes unterscheidet. Sie untersuchen Fliegen wie Aristoteles. Sie beginnen selbst auszuprobieren, wie die Gesetze der Natur funktionieren. Sie bringen Schnee ins Wohnzimmer, werfen ihr Spielzeug vom Balkon und wünschen sich ein Mikroskop. Sie lernen die Gesetze der Logik und entdecken, dass jede Handlung Konsequenzen hat. Sie merken, dass keiner mit ihnen spielt, wenn sie andere Kinder schlagen und dass übertretene Verbote Ärger mit den Eltern einbringen.

## ➤ Die großen Philosophen und die Kinder

»Die spontanen und einfältigen Einfälle fragelustiger Kinder bringen oft Dinge ans Licht, die einem nachdenkenden Mann zu denken geben können«, konstatierte auch John Locke, selbst kinderloser Junggeselle. »Und ich meine, man kann häufig mehr aus den unerwarteten Fragen eines Kindes lernen als aus Gesprächen mit Männern, die drauflosreden nach Begriffen, die sie geborgt haben, und nach den Vorurteilen ihrer Erzieher.«

Doch nicht alle Philosophen äußerten sich so positiv über das Thema »Kinder und Philosophie«. Platon meinte, die »Knäblein« würden, »wenn sie solche Reden kosten, damit umgehen, als wenn es ein Scherz wäre, indem sie immer zum Widerspruch lenken.« Aristoteles setzte die Philosophie zur Lebenserfahrung in Bezug. Allerdings grenzte er Frauen und Nichtgriechen aus: Sie würden nicht zu Philosophen taugen.

Michel de Montaigne dagegen ist überzeugt, dass die Philosophie für jeden ihre Lehren bereithalte »vom Kindesalter bis zum Wiederkindischwerden«. Man begehe ein großes Unrecht, »wenn man sie den jungen Menschen als unzugänglich hinstellt und ihr ein verkniffnes, finsteres und furchterregendes Gesicht anmalt.« Wenn man all das Abwegige und die »vertrackten Spitzfindigkeiten der Dialektik, die unser Leben doch nicht zu bessern vermögen« wegnehme, sei Philosophie einfacher zu lernen als Lesen und Schreiben. So weit Montaigne.

## Karl Marx (1818–1883)

Wie viele andere Revolutionäre kommt auch der Begründer des Marxismus aus einem bürgerlichen Elternhaus. Beide Eltern entstammen jüdischen Rabbinerfamilien, konvertieren jedoch zum protestantischen Glauben. Auf ihren Sohn Karl hat das allerdings wenig Einfluss gehabt. Schon sehr früh vertritt er eine eigene Position zur Religion. Seine Meinung spiegelt sich in seinen Worten wider: »Die Kritik an der Religion ist die Grundlage aller Kritik.«

Als Geschichts- und Philosophiestudent wird er in Berlin der Führer der »Linkshegelianer«, ist sich aber nach der Promotion darüber im Klaren, dass er mit seinen radikalen Ansichten keine Chance auf eine akademische Laufbahn haben wird. Er macht schließlich einen Karrieresprung vom einfachen Mitarbeiter zum Chefredakteur der liberalen, oppositionellen *Rheinischen Zeitung* in Köln, die jedoch 1843 ihr Erscheinen einstellen muss, da sie verboten worden ist.

Karl Marx emigriert daraufhin zusammen mit seiner Jugendliebe Jenny von Westphalen nach Paris, zwei Jahre später nach Brüssel, da er aus Paris ausgewiesen wurde, und 1849 schließlich nach London, wo er seinen Lebensabend verbringen wird.

Obwohl sein ganzes Leben von zunehmender Armut geprägt ist, widmet er sich in vollem Maße seinem Werk. Friedrich Engels, den er in Paris kennen gelernt hat, wird nicht nur sein ideologischer Mitstreiter, der wohlhabende Fabrikantensohn hilft der fünfköpfigen Familie Marx immer wieder auch finanziell aus.

Je tiefer Karl Marx in seine eigene Philosophie einsteigt, desto radikaler wird sein Denken und auch seine Auffassung vom Sozialismus. Anfangs glaubt er noch an die Verwirklichung der Demokratie. Doch dann er stellt fest, dass es bei einem großen Teil der Bevölkerung kein Interesse daran geben kann. Denn der Mehrwert, den die Arbeiter in den Fabriken erwirtschaften, kommt einzig und allein den Besitzenden zugute. Die Arbeiter sind deshalb die einzigen, denen ein Wandel der Verhältnisse wirklich Nutzen bringen würde. Alles andere als ein Aufstand der Arbeiter und eine Abschaffung des Privateigentums also, schließt Marx, würde die bestehenden Verhältnisse nur zementieren. Das *Kommunistische Manifest*, seine Programmschrift für den Bund der Sozialisten, mit dem Aufruf »Proletarier aller Länder vereinigt euch«, ist die logische Konsequenz dieser Gedanken.

Jenseits aller politischen Konsequenzen, die aus Marx' Lehre entstanden sind, hat er den Blick für die fundamentale Bedeutung der ökonomischen Verhältnisse geöffnet. Es war ihm immer wichtig, dass er einen wissenschaftlichen Sozialismus vertritt, keinen, der auf Wunschdenken beruht. So kritisch und scharfsinnig Marx aber die bestehenden Verhältnisse analysiert hat, so sehr setzte er eine rosarote Brille auf, wenn es um alles ging, was nach der Revolution entstehen sollte.

Bezeichnend für diesen Philosophen ist auch, dass der flammende Theoretiker im Privatleben alles andere als ein glühender Revolutionär war. Seinen drei Töchtern – die übrigens die einzigen waren, die seine unleserliche Handschrift entziffern konnten und deshalb für die Abschrift seiner Manuskripte verantwortlich waren – war er ein zwar liebevoller, aber auch traditionell strenger Vater. Seine wahre »Waffe« blieben Papier und Tinte.

Seine Armut und die zermürbenden Flügelkämpfe des kommunistischen Lagers, die er nicht verhindern konnte, verdunkelten sein Alter. Mit 65 Jahren fiel er einer Lungenentzündung zum Opfer. Seine Ideen aber entfalteten sich nach seinem Tod weiter.

**Evergreens:**
»Trau keinem über Dreißig.«
»Die Proletarier haben nichts zu verlieren als ihre Kette. Sie haben dafür eine Welt zu gewinnen.«
»Das Sein bestimmt das Bewusstsein.«

**Wichtige Werke:**
*Das Elend der Philosophie, Manifest der Kommunistischen Partei, Zur Kritik der politischen Ökonomie, Das Kapital*

## Entfaltung durch Eigenständigkeit

Kant bezeichnete die Aufklärung als »Ausgang des Menschen aus seiner selbstverschuldeten Unmündigkeit«. Für Kinder ist sie der Weg aus ihrer natürlichen Unmündigkeit. Sie erobern sich die Welt, indem sie diese »aus den Angeln heben«. Es gibt Studien, die zeigen, dass Kinder, die oft verbessert werden, langsamer sprechen lernen als solche, die im Gespräch selbst entdecken dürfen, wie Sprache funktioniert. Unwillkürlich denkt man an Sokrates, der seinen Schülern auch keine Lehren vorsetzte, sondern ihnen mit spielerischen Fragen eigene Ideen entlockte. Auch die Pädagogik der Italienerin Maria Montessori (1870–1952) beruht auf der Überzeugung, dass Kinder das am besten lernen, was sie sich selber aussuchen.

## Was können Philosophen von Kindern lernen?

Begutachtet man den Philosophiebetrieb mit seinen Lehren, Methoden, seinen Denkschulen und Grabenkämpfen, dann zeigt sich schnell, dass den großen Weisen oft das Spielerische von Kindern fehlt. Freier zu denken, indem nicht allem Gedachten sogleich übermäßig Ernst zugeschrieben würde, könnte oft nichts schaden. Außerdem ist das wissbegierigste Kind nicht nur Philosoph. Es will auch toben und mit Freunden spielen, am liebsten draußen. So mancher Berufsdenker täte vermutlich gut daran, sich an die alte Weisheit »Ein gesunder Geist lebt in einem gesunden Körper« zu erinnern. Ein fußballspielender Philosoph würde aber wohl nicht nur seinem Körper etwas Gutes tun, sondern wäre auch genötigt, seinen Mitspielern Rede und Antwort über seinen Beruf zu stehen. Ob da nicht manche Lehre etwas verständlicher und praxisbezogener werden würde?

### Für Besserwisser

**_Emile_ und die Folgen**

**Der erste Philosoph, der »Kindheit« in der Tat als eigene Daseinsform akzeptiert, ist Rousseau. Sein Roman *Emile* (1762) hat die Erziehung revolutioniert. Rousseau fordert, auf die Eigenarten der kindlichen Psyche einzugehen und Kleine nicht nur als unfertige Erwachsene zu betrachten. Reformpädagogen wie Johann Heinrich Pestalozzi (1746–1827) und Friedrich Fröbel (1782–1852) sind dadurch entscheidend beeinflusst worden.**

# Die Philosophie der Wörter – Sprachphilosophie

**Dass unsere alltäglichen Worte, unsere Sprache tiefer philosophischer Gedanken wert sein sollte, das erscheint den meisten Menschen vermutlich erst einmal wenig einleuchtend. Aber das ging vielen Philosophen in der Vergangenheit nicht anders. Auch sie haben Jahrhunderte lang übersehen, dass ein Wort nicht automatisch und präzise den Gedanken übermittelt, den der Sprecher damit zum Ausdruck bringen möchte.**

## Verstehen ist Voraussetzung

Dabei verwenden wir ständig Sätze wie zum Beispiel »Du verstehst mich nicht« oder »Was soll das schon wieder bedeuten?«. Doch die Schuld an den Verständigungsschwierigkeiten geben wir meist unserem Gesprächspartner und führen es nicht auf die Tatsache zurück, dass Sprache an sich oft ein höchst unzureichendes Hilfsmittel ist, all die bewussten und unbewussten Gedanken, Gefühle und Absichten zu vermitteln, die hinter einem Satz stehen.

Im 20. Jahrhundert dagegen hat man so umwälzend erkannt, welches Problem Sprache darstellen kann, dass die analytische Sprachphilosophie zu einer eigenen wissenschaftlichen Disziplin heranreifte, die vor allem untersucht, welchen Ursprung, welches Wesen und welche einzelnen Funktionen die sprachliche Kommunikation hat.

## Der Ton macht die Sätze

Besonderen Einfluss auf die Sprachphilosophie übte die Zeichentheorie oder Semiotik aus. Dahinter steht in erster Linie die Erkenntnis, dass unsere Sprache nur ein Zeichensystem ist, sozusagen ein Code für das, was wir sagen wollen. Wir verschlüsseln oder codieren unsere Nachricht in bestimmten Wörter, und der Empfänger muss diese dann wieder entschlüsseln oder decodieren, um sie verstehen zu können. Bei diesem Vorgang kann es zu vielerlei Missverständnissen kommen.

»Leg den Schlüssel, wenn du gehst, auf den Tisch«, sagen Sie beispielsweise zu einem Bekannten, dem Sie Ihre Wohnung zur Verfügung gestellt haben. Sie meinen *den* Tisch in Ihrer Wohnung, den großen, zentralen Esstisch. Doch als Sie heimkommen, suchen Sie vergeblich nach dem Schlüssel. Ihr Gast hat den Schlüssel auf dem Telefontischchen neben der Tür liegen gelassen, weil ihm das in Verbindung mit dem Wort »gehen« als der Tisch erschien. Wenn aber schon bei einem so konkreten Objekt wie einen Tisch solche Missverständnisse passieren, was geschieht dann erst mit Begriffen wie »Liebe«, »Treue« oder »Glaube«?

Wenn wir versuchen, die Bedeutung hinter einem Wort, genauer gesagt einem Zeichen, zu erklären, dann merken wir schnell, dass sie von den jeweiligen Umständen abhängt. Doch nicht nur einzelne Begriffe, sogar ganze Sätze können in verschiedenen Zusammenhängen ihre Bedeutung und Ausrichtung völlig verändern.

Wenn Sie Ihrem Ehepartner am Frühstückstisch erklären »Die Butter ist alle«, dann versteht er da-

## ➤ Eine neue Sprache?

**Die analytische Sprachphilosophie beginnt, als Russell und Frege die Gesetze der Logik zur Analyse sprachlicher Unklarheiten einsetzen. Doch für das eigentliche Erdbeben in der philosophischen Wissenschaft sorgt Ludwig Wittgenstein (1889–1951). Er behauptet, dass die meisten Fragen der Philosophie nur Pseudoprobleme seien. »Die Sprache verkleidet unsere Gedanken«, schrieb er, »und zwar so, dass man nach der äußeren Form des Kleides nicht auf die Form der bekleideten Gedanken schließen kann.« Er fordert deshalb, dass sich die Philosophie ab sofort ganz der Sprachkritik widmen müsse. Die »Idealsprachler« versuchten – mit Blick auf Wittgenstein – eine vollkommen exakte, widerspruchsfreie Sprache herzustellen. Doch die Versuche, Computern das Sprechen beizubringen, zeigen inzwischen, wie viel an Bedeutung durch eine solche eindeutige Festlegung verloren geht.**

runter im Normalfall eine Aufforderung, am Abend auf dem Heimweg neue Butter zu besorgen, oder er sieht es zumindest als Information an. Gegenüber einem Gast kann der gleiche Satz eine Entschuldigung bedeuten. Auch der einfache Satz: »Ich komme morgen«, kann völlig unterschiedlich verstanden werden – er kann eine Information, ein Versprechen, eine Lüge oder gar eine Drohung sein.

**Die Wechselwirkung von Sprache und Denken**

Sprache prägt unser Bewusstsein. Unsere Lebensrealitäten formen unseren Wortschatz, unser Wortschatz prägt wieder unsere Lebensrealitäten. Für die Eskimos ist es sehr wichtig, sich mit verschiedenen Arten von Schnee auseinander zu setzen, für uns Mitteleuropäer nicht. Darüber hinaus könnten wir auch gar nicht so über die Schneesorten reden, weil wir die Worte dafür nicht haben.

In den indogermanischen, also den westasiatisch-europäischen, Sprachen setzt sich ein normaler Satz aus einem Subjekt und einem Prädikat zusammen. Zum Beispiel: Jemand tut etwas. Aber was tut beispielsweise der Wind, wenn er nicht weht? Gibt es überhaupt so etwas Gegenständliches wie »Wind« oder doch nur das Ereignis des Wehens? Andere Sprachen kennen diese Aufspaltung Subjekt-Prädikat nicht. Das hat zur Folge, dass auch im Bewusstsein das Ereignis im Mittelpunkt steht und nicht die Frage »Wer hat das gemacht? Wer ist schuld?«.

Auch substantivische Wendungen wie »Verantwortung haben« tun so, als wäre »verantwortlich sein« ein Ding – das man entweder annehmen oder abschieben kann.

Angeblich ist auch der lineare Aufbau unserer Sprache schuld, dass wir uns so schwer tun, vernetzt zu denken.

**Erkennen und Bewusstwerden**

Natürlich kann man Sprache ändern, wenn Mängel bewusst werden. Leider sind die neuen Konstrukte nicht immer besonders schön. Aber man mag zu Wendungen wie »Lehrer und Lehrerinnen« beziehungsweise »LehrerInnen« stehen wie man will: Sie verraten viel über das Bewusstsein der letzten Jahrhunderte. Vor allem, wenn man weiß, dass im Mittelalter, wo

## Ludwig Wittgenstein (1889–1951)

Sein Vater war der reichste Stahlmagnat Österreichs und seine Mutter Tochter eines Wiener Bankiers, doch Ludwig Wittgenstein erliegt als Student in Manchester der Faszination von Bertrand Russells *Principles of Mathematics*. Er gibt deshalb sein Ingenieurstudium und damit seine Drachenflugexperimente sowie seine Flugzeugmotorentwicklung auf und geht ans Trinity College nach Cambridge, um bei dem berühmten Russell Philosophie zu studieren. Doch auch der renommierte Professor ist fasziniert von seinem neuen Studenten: »Wittgenstein kennen zu lernen, war eines der erregendsten geistigen Erlebnisse meines Lebens«, erklärt er einmal. Und wahrlich, sein Schüler entwickelt sich zu einem der einflussreichsten Philosophen des 20. Jahrhunderts.

Mit 29 Jahren, das heißt im letzten Kriegsjahr des Ersten Weltkrieges, nachdem er ein hohes Vermögen geerbt und Kriegsdienst abgeleistet hat, vollendet Wittgenstein sein revolutionäres Werk *Tractatus Logico-Philosophicus*, in dem er behauptet, der Großteil aller Philosophie beruhe auf sprachlichen Missverständnissen. Jede Form der Erkenntnis begann und endete für ihn mit der Sprache: »Wovon man nicht sprechen kann, darüber muss man schweigen«, schrieb der Philosoph, und außerdem: »Die Grenzen meiner Sprache sind die Grenzen meiner Welt.« Am Ende des *Tractatus* gibt er jedoch zu: »Es gibt allerdings Unaussprechliches. Dieses zeigt sich, es ist das Mystische.«

Es dauerte einige Zeit, bis er für sein Werk einen Verleger fand. Als er es geschafft hatte, wurde sein Buch über die Sprachphilsophie gewissermaßen zur Bibel des so genannten »Wiener Kreises«. Dies war eine Gruppe, die sich vor allem aus Mathematikern und Naturwissenschaftlern zusammensetzte und die sich zum Ziel gesetzt hatte, eine philosophische Grundlage für eine wissenschaftliche Weltsicht zu schaffen. In einer Art »Sprachstürmerei« zerpflückten sie nicht nur die aufkommende faschistische Ideologe, sondern zum Beispiel auch jegliche religiösen Aussagen über die Welt und viele verschiedene philosophische Ansätze.

Wittgenstein selbst meinte, alle wesentlichen Fragen endgültig gelöst zu haben. Er wurde Volksschullehrer in Niederösterreich, arbeitete danach als Klostergärtner und entwarf für seine Schwester, die Kunstmäzenin Margarete Stoneborough, ein Palais, einen »Tempel, der den Leidenschaften als Umgebung dient, ohne in sie hineinzureden.«

Mit der Zeit erkannte er jedoch, dass sein *Tractatus* einige Fehler aufwies und kehrte 1929 nach Cambridge zurück, wo er bis zu seinem Tod blieb. Eine Rückkehr nach Österreich wäre während der Nazidiktatur auch wegen seiner jüdischen Vorfahren unmöglich gewesen. Sein Erbe verschenkte er größtenteils an seine Geschwister.

In seinem Spätwerk entwickelte Wittgenstein die Idee von den »Sprachspielen«. Damit sind die Zusammenhänge gemeint, in denen eine bestimmte Sprache oder ein bestimmter Jargon gebraucht wird. Sprache, so meint er, dürfe nicht »feiern«, nämlich von einem Sprachspiel ins andere wechseln. Um beim Bild des Spiels zu bleiben: Eine Sprache in einem falschen Zusammenhang zu benutzen, ist ungefähr so, wie an einem Roulettetisch Black Jack zu spielen. Die Vorstellung, dass die Bedeutung vom Sprecher abhängt, lehnte er generell ab. Sprache sei nun einmal keine reine Privatsache, sondern eine öffentliche Angelegenheit.

**Evergreens:**

»Was geht mich die Weltgeschichte an? Meine Welt ist die erste und einzige.«

»Die Welt des Glücklichen ist eine andere als die des Unglücklichen.«

»Philosophie ist ein Kampf gegen die Verhexung unseres Verstandes durch die Mittel unserer Sprache.«

**Wichtige Werke:** *Tractatus Logico-Philosophicus, Philosophische Untersuchungen, Bemerkungen über die Grundlagen der Mathematik, Über Gewissheit*

**FÜR BESSERWISSER**

**Wie heißt das Ding bloß?**
**Oswald Spengler behauptete: »Alles, was existiert, muss einen Namen tragen. Was nicht benannt ist, existiert auch nicht für den Menschen.« Das ist falsch. Zum Beispiel kennt niemand einen Namen für das Ding, mit dem man auf den Laufbändern der Supermarktkassen seine Waren von denen des Nachbarn trennt. Wir können also durchaus mit Dingen umgehen, ohne ihre Namen zu kennen. Wer sich Computerkenntnisse im »Learning-by-doing«-Verfahren beigebracht hat, wird möglicherweise überhaupt nichts verstehen, wenn jemand von »Benutzeroberflächen«, »Tools« und »Browsern« fachsimpelt. Dabei kann er perfekt mit den Dingen umgehen, die sich dahinter verbergen.**

viele Frauen berufstätig waren, es keine Frau Müller, sondern nur eine Müllerin gab. Erst das bürgerliche Biedermeier machte aus den Frauen Anhängsel, wo die »Frau Geheimrat« nur noch die Frau des Geheimrats war oder sie im angelsächsischen Raum als »Mrs. John Smith« sogar ihres Vornamens beraubt wurde.

Ein anderes Beispiel, das noch nicht in den Fokus der Sprachreformer geraten ist: Das Wort »Schändung« stammt aus einer Zeit, wo man es als Schande betrachtete, Opfer einer Gewalttat zu werden, und der Unterlegene seine Ehre verlor. Heute gehen wir eigentlich davon aus, dass es eine Schande ist, eine Gewalttat zu begehen. Trotzdem sprechen wir noch von »Kinderschändern«, nicht von Menschen, die sich durch den Missbrauch von Kindern selber schänden.

Aber es stellt sich natürlich die Frage, ob neugeschaffene Wendungen auch immer das Bewusstsein erzeugen, das man damit erreichen will. Das Wort »Behinderter« reduziert einen Menschen auf seine körperlichen Einschränkungen. Aber möglicherweise stempelt das komplizierte »Menschen mit Behinderungen« die Betroffenen noch mehr zum »Problemfall«?

Der Dichter Christian Morgenstern schrieb einmal: »Oft überfällt dich plötzlich eine heftige Verwunderung über ein Wort: Blitzartig erhellt sich in dir die völlige Willkür der Sprache, in welcher unsere Welt begriffen liegt, und somit die Willkür unseres Weltbegriffes überhaupt.«

# Sprache als Kunst betrachtet – Rhetorik und Dialektik

**Anstatt der Sprachphilosophie kannte die Antike Rhetorik und Dialektik. Diese zwei Disziplinen waren allerdings weniger Gegenstand philosophischer Betrachtung als Mittel zum Zweck. Es waren im Grunde Methoden, die dabei halfen, philosophische Gedanken, politische Überzeugungen und juristische Spitzfindigkeiten richtig, das heißt überzeugend, an den Mann zu bringen.**

## Der Beginn in einem demokratischen Umfeld

Die Lehre von der Rhetorik, der kunstvollen Rede, entstand in Griechenland zusammen mit der Demokratie. In Athen hatte jeder männliche, volljährige und freie Bürger der Stadt das Recht vor der Volksversammlung zu sprechen; dies war eine Vereinigung, die alle politischen Beschlüsse fällte. Wer Karriere machen wollte, der musste aus diesem Grunde in der Lage sein, frei zu sprechen, seine Argumente schlüssig zu formulieren und all seine Zuhörer zu begeistern.

Ähnlich war es vor Gericht. Jeder mündige Bürger war zugleich sein eigener Anwalt. Auch die antiken Philosophen verbreiteten ihre Gedanken weniger über ihre Schriften als vielmehr über öffentliche Vorträge und Lehrveranstaltungen für ihre Schüler. Körperliche Präsenz hilft in diesem Zusammen-

**FÜR BESSERWISSER**

### Dialog und Philosophie

**In der Antike versteht man unter Dialektik die Lehre vom argumentierenden Dialog. Auf eine Behauptung folgt eine Gegenbehauptung und daraus bildet sich dann (im Idealfall) eine neue Erkenntnis. Hegel hat dieses Muster des idealen Dialogs in seiner *Dialektik* später als Grundprinzip geschichtlicher Entwicklungen erkannt. In jüngerer Zeit schlägt der Philosoph Jürgen Habermas (geb. 1929) die Regeln des »idealen Diskurses« als Verfahren vor, um moralische Probleme zu lösen.**

hang auch heute noch, wenn das Publikum von einem Sachverhalt überzeugt werden soll.

Betrachtet man das historische Umfeld, so ist es wahrlich kein Wunder, dass die Redekunst in der Antike immer weiter entwickelt und verfeinert worden ist. Auch heute tragen noch die meisten der bekannten Wort- und Satzfiguren, wie zum Beispiel die Anapher, das ist die Wiederholung des Anfangslautes in aufeinanderfolgenden Sätzen, griechische Bezeichnungen.

**Die Kunst der Verpackung**

Je kunstfertiger und effektvoller aber die Reden wurden, desto deutlicher wurde auch, dass hinter der schönsten Ansprache nicht immer der beste Gedanke steht und dass mit rhetorischen Tricks und Manipulationen zweifelhafte politische Entscheidungen durchgedrückt wurden.

Die großen Meister der Rhetorik waren die Sophisten. »Die Rede ist ein großer Bewirker«, brachte es Gorgias von Leontinoi (485 bis

## ➤ Schmückendes Beiwerk

Eine »schöne Rede« war in der Antike reich mit so genanntem Redeschmuck versehen. Darunter versteht man Wortspielereien beziehungsweise sprachliche Wendungen, die die Sprache anschaulicher und einprägsamer machen sollen.

Man unterteilt diesen Schmuck im Allgemeinen in Tropen, Wort- und Gedankenfiguren.

Eine Trope ist ein Wort, das ein anderes ersetzt, und so eine neue Bedeutung bekommt, zum Beispiel wenn wir ein dickes Buch als Schinken bezeichnen.

Wortfiguren bestehen aus mehreren kunstvoll zusammengesetzten Worten, zum Beispiel »Ich kam, sah, siegte.«

Gedankenfiguren sollen eine Idee besonders eindringlich machen, zum Beispiel durch eine rhetorische Frage: »Willst Du etwa schon gehen?« Der Sprecher bringt mit dieser Frage – einer der bekanntesten Redefiguren – zum Ausdruck, dass der Zuhörer noch nicht gehen soll. Diese Wendung ist also nur der äußeren Form nach eine Frage, aber inhaltlich nicht. Aus diesem Grunde wird sie auch nicht beantwortet.

### Für Besserwisser

**Rhetorik der Antike**

**Ihren Ursprung haben die meisten rhetorischen Stilmittel bereits in der griechischen Antike. Mit dieser Form der Betonung ihrer Aussagen versuchten schon die großen griechischen und römischen Redner die Zuhörer zu fesseln. Ein Beispiel ist die Alliteration, der Stabreim, bei der verschiedener aufeinanderfolgende Wörter den gleichen, betonten Anfangslaut haben: Wind und Wetter oder Dichter und Denker.**

380 v. Chr.) auf den Punkt. So ist es kein Wunder, dass er und seine Kollegen bezweifelten, dass es letztendliche Wahrheiten gab und aus diesem Grunde den Relativismus begründeten. Schließlich stellten sie immer wieder fest, dass sich die Dinge durchsetzten, die am geschicktesten präsentiert wurden. Für die Relativisten war klar: Erkennen und Wissen sind von der menschlichen Sprache abhängig. Das heißt, wir »machen« uns immer ein Bild, anstatt die Dinge vorbehaltlos zu sehen.

## Dialektik statt Rhetorik

Sokrates und Platon dagegen lehnten eine Rhetorik, die das scheinbar Wahre über die Wahrheit stellt, strikt ab. Die Redekunst, so Platon, habe nur so lange eine Berechtigung, wie sie der Suche nach Erkenntnis dient und den Menschen nutzt.

Er zog deshalb die Dialektik, genauer gesagt, die Kunst der Gesprächsführung und scharfsinnigen Argumentation, der Rhetorik vor. Durch den »Dialog«, das wechselnde Durchsprechen einer Sache, sollten die Redenden im Widerstreit der Meinungen an Wissen gewinnen und der Wahrheit näher kommen.

Doch genauso wie es eine »unfaire« Rhetorik gab, kannte auch schon die Antike eine Dialektik, die wenig mit Wahrheit und friedlichem Meinungsaustausch zu tun hatte. Wer Geld genug hatte, konnte bei den Sophisten nicht nur die Kunst einer schönen Ansprache lernen, sondern auch eine Argumentationstechnik, deren Ziel es war, der eigenen Sache um jeden Preis zum Sieg zu verhelfen. Dialektische Kunstgriffe wie Wortverdrehungen, Scheinbeweise und Haarspaltereien waren nicht nur erlaubt, sondern galten als Gipfel der Argumentationskunst.

## Theodor W. Adorno (1903–1969)

Eigentlich war sein Name Theodor Wiesengrund. Doch während seines Philosophie-Studiums veröffentlichte er unter dem Pseudonym Adorno, dem Mädchennamen seiner Mutter, Musikkritiken. Später im amerikanischen Exil wird er dem Literaten Thomas Mann bei der Entwicklung seiner Musiktheorie für den Roman *Doktor Faustus* beraten. Eigentlich sei er ein Künstler, meint er von sich selbst, doch »beseelt von einem Drang zur Rechtschaffenheit über die Kunst und ihre Möglichkeit heute.« Dieser Drang führt den Musiktheoretiker und Komponisten zur Philosophie.

Im Jahre 1931 wird Adorno von Max Horkheimer als freier Mitarbeiter für das Frankfurter Institut für Sozialforschung gewonnen. Dieses Institut finanziert sich aus Stiftungsgeldern. 1933 zwingen die Nazis Adorno, der aus einer konvertierten jüdischen Familie stammt, und viele andere Mitarbeiter des Instituts zur Flucht. Zunächst emigriert er nach Oxford, dann in die USA. Im amerikanischen Exil finden sich die Frankfurter Wissenschaftler wieder. 1942 bis 1944 verfassen Horkheimer und Adorno in Los Angeles die *Dialektik der Aufklärung*, das grundlegende Werk der späteren »Frankfurter Schule« und ihrer kritischen Theorie der Gesellschaft. Sie kritisieren darin eine »Naturalisierung« der gesellschaftlichen Verhältnisse. Die Menschen würden sich nicht mehr als Urheber ihrer Geschichte begreifen, sondern die Gesellschaft, in der sie leben, sozusagen als natürliches Faktum akzeptieren – bis hin zu Faschismus und Terrorherrschaft.

Auch die Aufklärung habe sich selbst ad absurdum geführt. Vernunft wurde in erster Linie als Mittel gesehen, über die Natur zu herrschen. Doch die Menschheit merke nun nicht mehr, wenn sie Opfer all des technischen Fortschritts werde, den sie selbst in der Vergangenheit entwickelt habe. So geht der Musikliebhaber Adorno hart mit der Popmusik ins Gericht, die zur reinen Ware verkomme und gesellschaftliche Widersprüche zudecke. Aber auch romantische Musik, die eine heile

Welt beschwört, findet nicht seine Gnade. Die Zwölftonmusik von Arnold Schönberg jedoch empfindet er als angemessenen Ausdruck der Zerrissenheit der Gesellschaft. Selbst komponiert er nach dem Krieg allerdings nicht mehr – gemäß seinem Ausspruch: »Nach Auschwitz noch ein Gedicht zu schreiben, ist barbarisch«.

1949 können die »Frankfurter« Philosophen aus dem Exil zurückkehren und betreiben intensiv die Wiedereröffnung ihres Instituts. Im Jahre 1958 überlässt Horkheimer dem jüngeren Adorno die Leitung. In dieser Funktion wird er einer der wichtigsten Denker der jungen BRD. Er scheut die Berührung mit der empirischen Sozialforschung nicht, beschäftigt sich mit gesellschaftlich brisanten Themen wie Autoritätsgläubigkeit und läutet die Auseinandersetzung mit der nationalsozialistischen Vergangenheit ein.

1966 gehört Adorno zu den Kritikern der großen Koalition und ihrer geplanten Notstandsgesetze. Die Studenten sehen seine kritische Theorie zunächst als Ausdruck ihres eigenen Unbehagens an der Gesellschaft an und stützen sich darauf. Doch zunehmend gerät Adorno zwischen konservative Kreise, die ihm eine geistige Mitschuld an Gewalttaten vorwerfen, und radikale Studenten, die ihn anfeinden, weil er nicht dieselben praktischen Konsequenzen zieht wie sie. Die Protestbewegung richtet sich schließlich gegen ihn. Nach offenen Feindseligkeiten und immer den gleichen, sich im Kreise drehenden Diskussionen schließt er 1969 das Institut und macht mit seiner Frau Erholungsurlaub in der Schweiz. Nach einer anstrengenden Bergtour stirbt er an einer Herzattacke.

**Evergreens:**

»Es gibt kein richtiges Leben im falschen.«

»Das Publikum hat ein Recht darauf, nicht angeschmiert zu werden, auch wenn es darauf besteht, angeschmiert zu werden.«

**Wichtige Werke: Dialektik der Aufklärung, Minima Moralia, Reflexionen aus dem beschädigten Leben, Negative Dialektik, Ästhetische Theorie**

# Gibt es ein höheres Wesen? – Die Frage nach dem Gottesbeweis

**Die offizielle katholische Lehre ist überzeugt, dass Gott »mit dem natürlichen Licht der menschlichen Vernunft aus den geschaffenen Dingen mit Gewissheit erkannt werden kann.« Die protestantische Theologie dagegen geht in der prinzipiellen Unbeweisbarkeit Gottes aus. Für den Glauben sei so ein Beweis auch nicht notwendig.**

**Beweise über Beweise**

In der Geschichte der Philosophie wurde immer wieder versucht, Gott zu beweisen. Und genauso oft wurden diese Beweise verworfen. Ein Weg der Beweisführung ist der ontologische Beweis. Er stammt von Anselm von Canterbury (1033–1109) und wird später von Descartes wieder aufgegriffen. Anselm meint, Gott damit zu beweisen, dass er sich ein Wesen von größtmöglicher Vollkommenheit vorstellt. Zur Vollkommenheit aber gehöre auch Existenz, denn ein nicht existierendes Wesen sei zweifellos weniger vollkommen als ein identisches, existentes. Daher muss dieses vollkommene Wesen existieren.

Thomas von Aquin (1225–1274) verwarf diesen Beweis. Man müsse bei allem zwischen Existenz und Wesen unterscheiden, sagt er. Man könne etwa das Wesen eines Einhorns beschreiben, obwohl man die Frage nach seiner Existenz verneinen müsse. Thomas selbst hat gleich fünf Wege gefunden, Gott zu beweisen. Aufbauend auf Aristoteles sieht er die Notwendigkeit für einen ersten Beweger, der alle natürlichen Prozesse angestoßen hat, sodann muss es eine erste Ursache geben, das Notwendige an sich, ein höchstes Sein und einen Schöpfer aller kosmischen Ordnung. Nach dem griechischen Wort *telos* für »Ziel« oder »Zweck« heißen diese Beweise teleologische Gottesbeweise.

Die Gottesbeweise sind alle an die rationalistische Theorie geknüpft, also die Vorstellung, dass Dinge allein durch den Verstand erkannt werden können. Zunehmend setzt sich aber die empiristische Erkenntnistheorie durch, dass nur unmittelbar erfahrbare Dinge sicher erkannt werden können. Immanuel Kant, obwohl privat ein gläubiger Mann, lehnt deshalb die Möglichkeit eines Gottesbeweises ab. Weder die Existenz noch die Nichtexistenz Gottes ließen sich nachweisen. Allerdings hält er ein sittliches Leben ohne die Vorstellung von einer obersten moralischen Autorität für unmöglich. Aus praktischen Gründe müsse er deshalb die Existenz Gottes postulieren, auch wenn er sie nicht beweisen könne.

»Wenn Gott nicht existiere, wäre ja alles erlaubt«, bringt es der russische Schriftsteller Fjodor Dostojewski (1821–1881) auf den Punkt.

## ➤ Eine Wette auf Gott

Ganz anders geht Blaise Pascal (1623–1662) mit der Frage nach der Existenz Gottes um. Als Mathematiker, Philosoph und tief gläubiger Mensch zog er sich oft zur inneren Einkehr zurück. Er veruchte aber nicht, wie viele seiner Kollegen, seinen Glauben rational zu begründen. Rationalität und ein »Geist des Feinsinns«, den er auch Herz oder Gefühl nennt, stehen für ihn nebeneinander. Beide sind Erkenntniswege.

Als Mathematiker ist Pascal durch und durch rational. Als Philosoph versucht er, zu begründen, wo die Grenzen der rationalen Erkenntnis sind. Als gläubiger Mensch sucht er nach mystischen Erfahrungen. Nach seinem Tod wurde im Futter seiner Jacke ein Zettel gefunden, auf dem stand: »Gott Abrahams, Gott Isaaks, Gott Jakobs, nicht der Philosophen und Gelehrten. Gewissheit. Gewissheit. Empfindung. Freude. Frieden.«

Aber auch, wenn Pascal keine Gründe für die Existenz Gottes anführt, so erklärt er in seinem Text *Die Wette* doch, warum es vernünftig sei, zu glauben. Rein vernunftmäßig, sagt er, gibt es weder Gründe für noch gegen die Existenz Gottes. Die Chancen stehen fünfzig zu fünfzig, Kopf oder Zahl. Allerdings sei der Schaden, wenn es einen Gott gebe, man aber nicht an ihn geglaubt habe und so sein Seelenheil verspielt, unendlich viel größer, als wenn man geglaubt habe, es aber keinen Gott gäbe. Deshalb, sagt er, sei es vernünftig, zu glauben. »Bei der Wahl zwischen dem Absurden und dem Unbekannten müssen wir das letztere wählen.«

## Friedrich Nietzsche (1844–1900)

Er war wahrscheinlich der beste Schriftsteller unter den Philosophen und einer der radikalsten Denker, der alle christlich-abendländischen Wertvorstellungen und auch den Glauben an die menschliche Vernunft über Bord werfen wollte. Dabei beginnt sein Leben sehr konventionell. Der sächsische Pastorensohn ist ein begabtes, braves Kind. Er verfasst bereits mit 10 Jahren Gedichte und komponiert ein erstes Musikstück. Wegen der vielen Bibelsprüche, die er auswendig weiß, wird er der »kleine Pastor« genannt. Seine wissenschaftliche Karriere beginnt früh: Mit 25 wird er Philologieprofessor in Basel.

Über Schopenhauer, dessen düsterer Pessimismus ihn unwiderstehlich anzieht, findet er zur Philosophie. Aus der griechischen Mythologie schöpft er die Vorstellung, dass der Mensch eine apollinische und eine dionysische Existenz habe. Apollinisch sind der schöne Schein und die klare Wahrnehmung von Menschen und Dingen aus der Distanz. Dionysisch dagegen sind die Erfahrung des Chaos, der Rausch, die Selbstvergessenheit und Grenzüberschreitung. Ein Prinzip, das für ihn »ungeheures Grausen«, aber zugleich auch »wonnevolle Verzückung« bedeutet. Als vollkommene Vereinigung beider Kräfte sieht er die griechische Tragödie, mit der er sich bei seinen Studien auseinandersetzt. Von seinem Freund Richard Wagner erhofft er sich eine Wiederherstellung dieser Tragödie »aus dem Geist der Musik«. Später zerbrechen diese Hoffnung und die Freundschaft jedoch – auch deshalb, weil Wagner Nietzsches eigene Kompositionen nicht genügend anerkennt.

Im Jahre 1879 sieht sich Nietzsche wegen seiner angeschlagenen Gesundheit gezwungen, seine Lehrtätigkeit aufzugeben und fristet nun ein unstetes Dasein. Er lebt als Umherirrender in kleinen Hotelzimmern in der Schweiz, Italien und Deutschland. Er leidet enorm und vereinsamt immer mehr. Auch mit Frauen hat er kein Glück, denn er ist extrem schüchtern im Umgang mit ihnen. Sein berühmter Ausspruch »Du gehst zu Frauen? Vergiss die Peitsche nicht!«, den er einem alten Weib in seinem Werk *Also sprach Zarathustra* in den Mund legt, hat nichts mit der Realität zu tun.

Zugleich erkennt er aber immer mehr die Hohlheit der bürgerlichen Moral und schreibt dagegen an. Er attackiert das Christentum, das seiner Meinung nach die Entwicklung zum wahren Menschentum verhindere. Wenn er sagt, Gott sei tot, will er damit nicht beweisen, dass Gott nicht existiert – es geht ihm um den Abschied von der verlogenen christlichen Moral. Mit dem propagierten Tod Gottes gibt es keine fremden Werte mehr, zu denen man aufschauen muss, nur noch die eigenen.

Nietzsche fordert die Willensanstrengung, um zum »Übermenschen« zu werden. Man dürfe sich keinesfalls einfach treiben lassen. Mit dem Willen zur Macht soll der schopenhauersche Pessimismus überwunden werden. Doch mit Macht meint er weniger das Bedürfnis, andere Menschen zu unterdrücken, sondern das Ausleben der eigenen Schaffenskraft. 1889 kommt dann seine Geisteskrankheit voll zum Ausbruch, worauf Nietzsche in geistige Umnachtung verfällt. Er wird bis zu seinem Tod zunächst von seiner Mutter, dann von seiner Schwester gepflegt. Seine Schwester ist es auch, die seine Schriften in einem antisemitischen, deutschnationalen Sinn verfälscht und Nietzsches Gedanken für die Nationalsozialisten brauchbar macht.

**Evergreens:**

»Ein verheirateter Philosoph gehört in die Komödie.«

»Der Irrsinn ist bei Einzelnen etwas Seltenes – aber bei Gruppen, Parteien, Völkern, Zeiten die Regel.«

»Das beste Mittel jeden Tag gut zu beginnen, ist, beim Erwachen daran zu denken, ob man wenigstens einem Menschen an diesem Tag eine Freude machen könne.«

**Wichtige Werke:** *Die Geburt der Tragödie aus dem Geist der Musik, Unzeitgemäße Betrachtungen, Also sprach Zarathustra, Jenseits von Gut und Böse, Die Götzendämmerung*

# Vom gesunden Menschenverstand

**Wenn philosophische Überlegungen wieder einmal allzu kompliziert erscheinen, dann fragen wir uns, ob wir sie überhaupt brauchen. Reicht denn nicht auch unser gesunder Menschenverstand, um Probleme zu erkennen? »Was ist gut und was böse?«, »Was ist Gerechtigkeit?«: Lassen sich nicht all diese Fragen mit einem halbwegs gesunden Menschenverstand auch beantworten? Warum kompliziert, wenn es auch einfach geht?**

### Der Balancehalter des Denkens

Aber was ist »gesunder Menschenverstand« eigentlich? Er ist – kurz gesagt – die Fähigkeit, unmittelbar und ohne große Reflexion das Wahre beurteilen und vom Falschen unterscheiden zu können.

David Hume (1711–1776) meinte, der Mensch hätte ein angeborenes Verlangen zum Wohlwollen, welches ihn intuitiv das Richtige tun lässt. Vielleicht kann man den gesunden Menschenverstand auch mit einer Art »Erste-Hilfe-Koffer« für den Geist vergleichen. Unser Verstand ist ein Werkzeug der Erkenntnis. Der gesunde Menschenverstand ist ein spontaner, instinktiver Gebrauch dieses Erkenntniswerkzeugs im Alltag. Wer über gesunden Menschenverstand verfügt, der lebt sozusagen mit einer philosophischen Grundhaltung. Er ist es gewohnt, die Dinge kritisch zu betrachten und in jeder Situation zunächst seinen Verstand einzusetzen. Die Erkenntnis des gesunden Menschenver-

**David Hume verfasste im Jahre 1748 eine Abhandlung über den menschlichen Verstand**

stands geht allerdings nicht gerade tief. Sie ist eher ein Blitzlicht, das eine Situation kurz erleuchtet. Für den Alltag ist das eine ausgezeichnete Sache. Doch es gibt Situationen, in denen dies nicht ausreicht. Dann muss man sich Zeit zu tiefschürfenderer Erkenntnis nehmen, sprich: zum Philosophieren.

### Der philosophische Rettungsanker

Für den Philosophen dagegen kann der gesunde Menschenverstand eine Rettungsleine sein, die ihn wieder auf den Boden holt, wenn er zu weit von der Realität zu entschweben droht. Denn es ist zwar erlaubt, alles anzuzweifeln und gedanklich an die Grenzen zu gehen. Doch Weisheit besteht auch darin, zu erkennen, wann solche Gedankenspiele keinen Sinn mehr haben.

Der Engländer John Locke gehört zu den Philosophen, die sehr viel vom *common sense*, also vom gesunden Menschenverstand, gehalten haben. Er nahm lieber einen Widerspruch in seinen Gedanken in Kauf, als Dinge, die für ihn »auf der Hand« lagen, zu leugnen. Man solle die Dinge nicht zu weit treiben, denn zunehmende Widerspruchsfreiheit führe einen oft immer weiter von der Wirklichkeit weg, meinte er.

**FÜR BESSERWISSER**

**Dem Zweifel Grenzen setzen**

Der gesunde Menschenverstand ist sehr hilfreich und eine Art Instinkt, bestimmte Annahmen als nicht bezweifelbar anzunehmen. Philosophisch gesehen gehören beispielsweise folgende Aussagen zum gesunden Menschenverstand:
Erstens, dass es eine Außenwelt gibt. Zweitens, dass wir auf diese einwirken können. Drittens, dass wir auf unsere normale Umgangssprache als Medium der Verständigung vertrauen können.

### Die Überprüfung der spontanen Denkart

Genauso wie jede philosophische Lehre, jede wissenschaftliche Erkenntnis und jede langgehegte Tradition kann sich natürlich auch der gesunde Menschenverstand eines Tages irren oder gar für fremde Zwecke missbraucht werden.

Die Gefahr ist groß, dass jeder Mensch das als »gesunden Menschenverstand« deklariert, was ihm gerade in den Sinn kommt. Oder dass Traditionen und Mehrheitsmeinungen zum gesunden Menschenverstand erklärt werden. Der Missbrauch des so genannten »gesunden Volksempfindens« in der Zeit des Nationalsozialismus sollte uns warnen.

Deshalb sollte jeder seinen gesunden Menschenverstand ab und zu kritisch beleuchten, ihn quasi einer Art »philosophischem TÜV« unterziehen. Ist das, was mir spontan als vernünftig, moralisch und gerechtfertigt erscheint, wirklich richtig? Halten meine Alltagsüberzeugungen einer kritischen Reflexion stand? Hilfreich kann es auch sein, nachzudenken, in welcher Auffassung man sich von seinen Mitmenschen unterscheidet.

Wenn wir uns prüfen, dann können wir uns darauf verlassen, im Alltag über einen gut funktionierenden Verstand zu verfügen, der uns auch ohne große philosophische Überlegungen richtig handeln lässt. Er hilft uns, auf dem Teppich zu bleiben, Grenzen zu erkennen, vernünftige Abwägungen zu treffen, uns nicht durch Werbung verführen zu lassen, leere Politikreden zu entlarven, Konflikte zu schlichten und Unrecht zu erkennen.

## ➤ Eine Erfindung der Philosophen

**Die heute allgemein gebräuchliche Vorstellung vom »gesunden Menschenverstand« beziehungsweise vom *common sense*, wie es auf Englisch heißt, war nicht immer ein Argument der philosophischen Laien gegen zu komplizierte Gedanken, sondern in ihrem Ursprung eine Erfindung der Philosophen.**

**Es waren vor allem die Schotten im 18. Jahrhundert, die den *common sense* als Argument gegen die radikalen Skeptiker ins Feld führten. Sie meinten, bei der Klärung erkenntnistheoretischer Fragen sollten die Philosophen all die Dinge, die der »Mann auf der Straße« als unproblematisch ansieht, ebenfalls als gegeben anerkennen, zum Beispiel: »Dies ist meine Hand« oder »Die Erde existierte schon lange, bevor ich zur Welt kam.« Für deutsche Philosophen wäre so etwas vermutlich undenkbar gewesen, weil sie zu gründlich waren und meinten, die Wahrheit müsse »tiefer« liegen als im Alltäglichen. Für Kant war der gesunde Menschenverstand einfach unphilosophisch.**

# Im Getriebe? – Die Philosophie der Arbeit und Technik

**Die Philosophie der Arbeit ist eine ihrer jüngeren Disziplinen. Denn im Altertum zeichnete es einen Philosophen geradezu aus, dass er nicht im klassischen Sinne arbeiten musste. Körperliche Arbeit war Sache der Sklaven und des einfachen Volkes, also der »vernunftunfähigen« Menschen. Auch später waren die Philosophen meist relativ weit davon entfernt, körperlich zu arbeiten. Sie waren Mönche, Privatgelehrte, Akademiker, Sekretäre, Politiker und Staatsangestellte. Trotz allem kann auch geistige Tätigkeit harte Arbeit sein.**

## Arbeit, um zu leben

Unsere moderne Lebenswelt dagegen ist zum größten Teil Arbeitswelt. Einen annehmbaren Beruf zu haben, gehört zu den wichtigsten Voraussetzungen, das eigene Leben zufriedenstellend zu gestalten. Dabei geht es um mehr als das berufliche Einkommen. Wir beantworten über die Arbeit einen Gutteil der Sinnfrage und knüpfen viele soziale Kontakte. Arbeitslosigkeit wird daher auch jenseits des Materiellen als schlimmes Schicksal, ja sogar als Stigma gesehen.

Diese positive Sicht der Arbeit ist noch nicht alt. Im Altertum und auch im Mittelalter galt Arbeit als ein notwendiges Übel, in das man sich schicken musste – falls man nicht das Glück hatte, in eine privilegierte Stellung hineingeboren zu sein.

## Grundbedingung menschlichen Lebens

Der erste Philosoph, der sich überhaupt intensiv mit dem Wesen der Arbeit auseinander setzte, war Hegel (1770–1831). Für ihn ist Arbeit eine menschliche Grundbestimmung. Tiere arbeiten nicht, sondern tun Dinge nur aus einem Zwang heraus. Der Mensch aber verfügt über die besondere Fähigkeit, Werkzeuge herzustellen, die ihm eine gewisse Macht über die Natur geben. Hegel erkannte aber auch schon: »Die Abstraktion des Produzierens macht das Arbeiten ferner immer mehr mechanisch und damit am Ende fähig, dass der Mensch davon wegtreten und an seine Stelle die Maschine eintreten lassen kann.«

Nach Hegel waren es vor allem die Marxisten, die die Arbeit zum eigentlichen Lebensinhalt des Menschen erklärten. »Sie ist die erste Grundbedingung alles menschlichen Lebens«, schrieb Friedrich Engels (1820–1895), »und zwar in einem solchen Grade, dass wir in einem gewissen Sinne sagen müssen: Sie hat den Menschen selbst geschaffen.« Damit liefert er die Begründung für diese Sicht.

**Karl Marx beobachtete seinerzeit die Arbeitsabläufe englischer Fabrikarbeiter und baute darauf seine Theorien auf**

## Die Arbeit als Grundbedingung

Besonders radikal war der ungarische Marxist Georg Lukács (1885–1971), der meinte, die Form der

## ➤ Die Praktiker

**Nicht alle Philosophen hatten gesicherte Stellungen und konnten sich auf geistige Arbeit beschränken. Es gibt Ausnahmen: Baruch Spinoza verdiente seinen Lebensunterhalt mit dem Schleifen und Polieren von Linsen – und starb wohl an einem Lungenleiden, das er sich durch das ständige Einatmen des Glasstaubs zugezogen hatte. Der wilde Jean-Jacques Rousseau war nicht nur ständig auf der Flucht, sondern übte auch alle möglichen Jobs aus, zeitweilig arbeitete er sogar als Lakai. Karl Marx lebte mit seiner Familie trotz der Finanzspritzen von Friedrich Engels unter sehr ärmlichen Verhältnissen und arbeitete als Redakteur für verschiedene Zeitungen. Karl Popper verdiente sich als Lehrer seinen Lebensunterhalt und arbeitete mit behinderten Kindern.**

Arbeit bestimme das menschliche Bewusstsein und die gesamte Lebenspraxis. Erst im Vollzug der Arbeit bilden sich unsere Denkkategorien. In der Arbeit produziere der Mensch sich selbst als Mitglied der Menschengattung und damit die menschliche Gattung überhaupt. Die gesamte Menschheit definiere sich also über Arbeit. Arbeit sei das Modell jeder Freiheit.

Die Entfremdung des Menschen von seiner eigentlich ihm wesensgemäßen Arbeit sahen die Marxisten darin, dass die Proletarier nicht für sich, sondern für andere zu produzieren hätten. Eine Abschaffung des Privateigentums würde deshalb auch ein Ende der Entfremdung bedeuten.

Andere Philosophen sahen dagegen eine Entfremdung, weil die Arbeit keinen unmittelbaren Nutzen mehr für den Menschen bringt. Hannah Arendt (1906–1975) konstatierte in ihrem Werk *Vita acitva oder Vom tätigen Leben* einen Übergang vom Werkzeug herstellenden *homo faber* zum *animal laborans*, einem Arbeitstier, das nicht mehr Herr über seine Arbeit ist. Die Arbeitsgesellschaft verwandle sich in eine Gesellschaft von Jobholders, die von dem Einzelnen nur noch automatisches Funktionieren verlange. Karl Marx

## ➤ Die Hand als Motor der Evolution

**Engels spricht der menschlichen Hand eine Schlüsselrolle bei der Evolution zu. »So ist die Hand nicht nur das Organ der Arbeit, sie ist auch ihr Produkt. Nur durch Arbeit, durch Anpassung an immer neue Verrichtungen, durch Vererbung der dadurch erworbenen besonderen Ausbildung der Muskel, Bänder und in längeren Zeiträumen auch der Knochen, und durch immer erneuerte Anwendung dieser vererbten Verfeinerung auf neue, stets verwickeltere Verrichtungen hat die Menschenhand jenen hohen Grad von Vollkommenheit erhalten, auf dem sie raffaelsche Gemälde, thorvaldsensche Statuen, paganinische Musik hervorzaubern konnte.« Engels glaubt auch, dass sich die Menschen erst durch die Arbeit zusammengeschlossen haben, um sich gegenseitig zu unterstützen, und eine Sprache entwickelt, denn erst durch die Arbeit hätten sie einander etwas zu sagen gehabt.**

## Martin Heidegger (1889–1976)

Heidegger liebte den Schwarzwald. Er liebte die Einfachheit und verabscheute das Getriebe der Großstadt. Auch war er ein exzellenter Skifahrer, der nach der Vorlesung schon mal mit seinen Studenten auf die Piste ging. Katholisch erzogen und aufgewachsen, liebäugelte er erst mit der Theologie, um sich dann entschieden der Philosophie zuzuwenden.

Seine philosophische Karriere hatte zwei Höhepunkte. Einmal in den zwanziger Jahren, als er mit seinem Hauptwerk *Sein und Zeit* zum »Shooting-Star« unter den Philosophen wurde. Sodann nach dem Zweiten Weltkrieg, obwohl er in dieser Zeit keinen Lehrstuhl mehr innehatte, weil er in den dreißiger Jahren eine Zeit lang mit dem Nationalsozialismus sympathisierte – auch Philosophen können sich über eine politische Strömung gewaltig täuschen.

Heidegger äußerte sich zur Metaphysik, doch viele zählen ihn auch zu den Existenzphilosophen, denn er geht vom Menschen aus und fragt. Er spricht vom »Dasein« als dem Sein des einzelnen Menschen und vom »In-der-Welt-Sein« und vom »Mitsein mit anderen«. Sodann benennt er zwei Phänomene, in denen der Mensch sich selbst und damit sein Dasein erfährt: Zum einen in der Angst und zum anderen im Gewissen, wobei Heidegger offen lässt, wie und woran sich denn das Gewissen überhaupt bildet. »Er selbst« wird der Mensch erst in der Entschlossenheit, seine nichtige Existenz zu übernehmen.

**Evergreens:**

»Das künftige Denken ist nicht mehr Philosophie. Es ist auf dem Abstieg in die Armut seines vorläufigen Wesens. Das Denken sammelt die Sprache in das einfache Sagen.«

»Doch das Sein – was ist das Sein. Es ist Es selbst. Dies zu erfahren und zu sagen muss das künftige Denken lernen.«

»Der Mensch ist ›in den Tod geworfen‹, ›in das Nichts hineingehalten‹.«

**Wichtige Werke:** *Sein und Zeit, Was ist Metaphysik?, Brief über den Humanismus, Identität und Differenz* habe sich getäuscht, wenn er meine, der Mensch würde durch eine Rationalisierung der Arbeit für Dinge wie Politik, Kunst und Philosophie frei. Heute wisse man, »die überschüssige Zeit des *animal laborans* wird niemals für anderes verbraucht als für das Konsumieren und je mehr Zeit ihm gelassen wird, desto begehrlicher und bedrohlicher werden seine Wünsche und sein Appetit.«

Arendt sieht ein allgemeines Unbehagen in der Gesellschaft, ein »akutes virulentes Unglücklichsein«, das sie hauptsächlich auf das gestörte Gleichgewicht von Arbeits- und Ruhephasen, von Erschöpfung und Pause, von Mühsal und Erholung zurückführt. »Dass in unserer Gesellschaft nahezu jedermann glaubt, ein Recht auf Glücklichsein zu haben, und gleichzeitig an seinem Unglücklichsein leidet, ist das beredtste Zeichen dafür, dass wir wirklich angefangen haben, in einer Arbeitsgesellschaft zu leben, die als eine Gesellschaft von Konsumenten nicht mehr genug Arbeit hat, um das Gleichgewicht zwischen Arbeit und Konsum herzustellen und damit den arbeitenden und konsumierenden Massen das zu geben, was sie Glück nennen.«

**Technik und soziales Engagement als Faktoren der Arbeitswelt**

Zusammen mit einer kritischen Betrachtung der Arbeitssituation kommt auch ein skeptischer Blick auf die Rolle der Technik auf, die über lange Zeit hinweg als Fortschritt oder wenigstens als eine neutrale Größe gesehen worden ist.

Es stellt sich die Frage, inwieweit der Mensch die Technik beherrscht und inwieweit die Technik den Menschen im Griff hat. Außerdem interessiert, welche auf den ersten Blick nicht nachvollziehbaren Veränderungen sich durch die zunehmende Technisierung in Leben, Kultur und Bewusstsein vollzogen haben.

In jüngster Zeit tritt die Massenarbeitslosigkeit in den Mittelpunkt der Überlegungen. Ulrich Beck (geb. 1944) zum Beispiel hat die Idee der »Bürgergesellschaft« entwickelt, in der der Mensch sich nicht allein über Erwerbsarbeitslosigkeit definiert, sondern in der ehrenamtliches Engagement, Kindererziehung und die Pflege alter und kranker Familienmitglieder genauso geachtet und entlohnt werden.

# Die Philosophie des Genießens

**Die angenehmen Seiten des Lebens zu genießen, scheint nicht gerade die große Stärke der meisten Philosophen gewesen zu sein. Da gab es zum Beispiel Sokrates, der regelmäßig von seiner Frau Xanthippe gescholten wurde, weil er kein Geld nach Hause brachte, Diogenes, der sich mit einer Tonne zufrieden gab, und auch die anderen predigten mehr die Mäßigung als den ungetrübten Genuss. Aber gab es da nicht Epikur?**

## Das Maß gebiert das höchste Glück der Lust

Es gab Epikur (um 342 bis um 270 v. Chr.), aber der Philosoph aus Samos gehört wohl zu den am meisten missverstandenen Denkern der Geschichte. Man glaubt im Allgemeinen, er habe das schöne Leben im Hier und Jetzt gepredigt. Doch das stimmt überhaupt nicht. Wahr ist, dass Epikur die Lust (griechisch: *hedoné*) zum Lebensziel erklärte. Aber er sagt ebenso deutlich, dass er damit nicht die »Lüste der Wüstlinge und das bloße Genießen« meine. Lust ist für ihn etwas, das den Menschen hilft, bestimmte Güter im Leben zu wählen und andere zu meiden. Doch das bedeute noch lange nicht, dass man alles wählen soll, worauf man Lust verspüre. Außerdem sei es nicht möglich, lustvoll zu leben, ohne verständig, schön und gerecht zu leben. »Denn nicht Trinkgelage und ununterbrochenes Schwärmen und nicht Genuss von

**Dem Philosoph Epikur wird das »Lustprinzip« nachgesagt, wonach das höchste Glück die Lust ist**

Knaben und Frauen und von Fischen und allem anderen, was ein reichbesetzter Tisch bietet, erzeugt das lustvolle Leben.«

### Die Freuden des Genusses

Nun hatte Epikur allerdings nichts gegen einen reichbesetzten Tisch und vermutlich auch wenig gegen die anderen aufgezählten Genüsse. Er meint jedoch, dass der »den Überfluss am süßesten genießen« könne, der seiner am wenigsten bedürfe. »Sich also zu gewöhnen an einfaches und nicht kostspieliges Essen verschafft nicht nur volle Gesundheit, sondern macht den Menschen auch unbeschwert gegenüber den notwendigen Verrichtungen des Lebens, bringt uns in eine zufriedenere Verfassung, wenn wir in Abständen uns einmal an eine kostbare Tafel begeben, und erzeugt Furchtlosigkeit vor den Wechselfällen des Zufalls.«

Das höchste Glück besteht für Epikur in der Gesundheit des Leibes sowie in der Beruhigtheit der Seele. Seine Philosophie zur Beruhigung der Seele ist derjenigen der Stoiker gar nicht so unähnlich. Der Weise, meint Epikur, lehne weder das Leben ab, noch meine er, das Nichtleben sei ein Übel. »Wie er bei der Speise nicht einfach die größte Menge vorzieht, sondern das Wohlschmeckendste, so wird er auch nicht eine möglichst lange, sondern eine möglichst angenehme Zeit zu genießen trachten.«

**FÜR BESSERWISSER**

**Kommune 1**

**Die Wechselfälle des Lebens waren zu Epikurs Zeiten nicht zu unterschätzen. Das Leben vieler Menschen war großenteils von Angst geprägt. Diese Angst will Epikur nehmen und schlägt neben Gelassenheit einen Rückzug ins Private zur Abhilfe vor. »Lebe im Verborgenen!« Er gründet eine Lebensgemeinschaft, die »Garten« genannt wurde, weil der Unterricht in Epikurs Garten stattfand. Dass auch Sklaven und Frauen Mitglied waren, war für die damalige Zeit höchst ungewöhnlich, ja anrüchig. Es scheint, dass die Gemeinschaft wohl ziemlich stark auf ihren Gründer zugeschnitten war und durchaus sektenähnliche Züge getragen haben könnte.**

### Die Eigenverantwortung für innere Zufriedenheit

Aber nicht nur Epikur, auch alle anderen antiken Philosophen gingen ganz selbstverständlich davon aus, dass die Menschen nach Glück streben und ihr Leben genießen wollen. Dieses Glück definierten sie aber eher geistig und moralisch denn materiell. Für Aristoteles bestand ein glückseliges Leben darin, ethische und geistige Tugend verwirklicht zu haben, frei von materieller Sorge und beruflichen Verpflichtungen zu sein und sich so ganz der Philosophie und Wissenschaft widmen zu können.

Kant meinte: »Seine eigene Glückseligkeit sichern, ist Pflicht

FÜR BESSERWISSER

**Was machte für Philosophen das Leben lebenswert?**

- Geistige Genüsse,
- Umgang mit Literatur und schöner Kunst,
- echte Freundschaft,
- die kleinen Freuden im Leben zu entdecken und zu genießen,
- dauerhafte Zufriedenheit,
- mit sich selbst im Reinen zu leben,
- die Fähigkeit, das eigene Leben im Rahmen der gegebenen Möglichkeiten zu gestalten,
- eine gewisse Distanz gegenüber Erfolg und Misserfolg,
- die Bereitschaft, das Schicksal und sogar den Tod gelassen zu akzeptieren.

(wenigstens indirekt); denn der Mangel der Zufriedenheit mit seinem Zustande in einem Gedränge von vielen Sorgen und mitten unter unbefriedigten Bedürfnissen könnte leicht eine große Versuchung zu Übertretung der Pflichten werden.« In heutiger Zeit hat der Liedermacher Konstantin Wecker diese Erkenntnis in den Titel »Wer nicht genießt, ist ungenießbar« übersetzt.

**Engagiert oder beschaulich?**

Auf jeden Fall konnte sich kein Philosoph ein sinnvolles und damit auch glückliches Leben vorstellen, indem man sich einfach von Tag zu Tag treiben ließ. Stattdessen wählte man entweder das engagierte (*vita acitva*) oder das beschauliche Leben (*vita contemplativa*). Die meisten Philosophen bevorzugten Letzteres, sie lebten eher zurückgezogen und widmeten sich ganz und gar ihren Studien.

Für die antiken Stoiker dagegen war ein politisches und soziales Engagement eine selbstverständliche Verpflichtung. Und auch in der Neuzeit gibt es solche Tendenzen – zum Beispiel waren Bertrand Russell und Jean-Paul Sartre in der Friedensbewegung aktiv.

# Glossar

**Analytik:** der Versuch, Sachverhalte oder Probleme zu verstehen, indem man sie in ihre Einzelteile zergliedert.
**Analytische Philosophie:** eine Form der Sprachphilosophie, die die Vernunftkritik durch die Sprachkritik ersetzt.
**Apollinisch:** ein Ausdruck für etwas Harmonisches oder Maßvolles. Im Gegensatz dazu steht der Begriff dionysisch.
**Argumentation:** eine Rede, die zum Ziel hat, den Gesprächspartner von etwas zu überzeugen.
**Deduktion** (Ableitung): der Schluss vom Allgemeinen auf das Einzelne.
**Deismus:** eine Religionsauffassung, die davon ausgeht, dass Gott keinen aktiven Einfluss auf die Welt nimmt.
**Determination** (Vorherbestimmung): die Auffassung, dass alle Ereignisse notwendige Folgen des Vorangegangenen sind.
**Dialektik:** in der Antike die Kunst des scharfsinnigen Argumentierens. Seit Hegel die Idee, dass aus jeder Tatsache ein Widerspruch folgt und sich aus dieser Konfrontation ein neuer Zustand (Synthese) ergibt.
**Dionysisch:** ein Ausdruck für etwas Wildes und Rauschhaftes. Im Gegensatz dazu steht der Begriff apollinisch.
**Empirie** (Erfahrungswissenschaft): empirisch ist jede Erkenntnis, die durch tatsächliche Erfahrung belegt ist. Die Werkzeuge der empirischen Forschung sind Experiment und Beobachtung.
**Ethik:** die theoretische Auseinandersetzung mit der Moral.
**Ethnologie:** die Wissenschaft von den Kulturen der Welt.
**Evidenz:** eine Wahrheit, die so unmittelbar einsichtig ist, dass sie nicht begründet werden muss.
**Falsifikation:** die Widerlegung von Hypothesen.
**Frankfurter Schule:** eine philosophische Denkrichtung, die in den 1920er Jahren aus dem Frankfurter Institut für Sozialfoschung hervorgegangen ist. Sie wird vertreten durch Horckheimer, Adorno, Marcuse und Habermas.
**Hermeneutik:** die Theorie von der Auslegung und Deutung von Texten, Kunstwerken und Handlungen.
**Hypothese:** eine Behauptung, deren Wahrheit noch nicht fest-

steht, die aber vorläufig als wahr betrachtet wird.

**Induktion:** der Schluss von mehreren einzelnen Beobachtungen auf allgemeingültige Aussagen.

**Informationsethik:** eine Disziplin der Philosophie, die sich mit dem ethischen Umgang von Informationen beschäftigt.

**Karma:** in der indischen Philosophie die Gesamtheit der guten und schlechten Taten, die zu einer Seele gehören. Das Karma wird in jedes neue Leben mitgenommen und beeinflusst dieses.

**Kategorischer Imperativ:** ein von Immanuel Kant hervorgehobener nachdrücklicher Befehl der praktischen Vernunft zum Handeln nach allgemein gültigen Maximen.

**Kausalität:** Bezeichnung für jedes allgemeine Verhältnis zwischen Ursache und Wirkung.

**Kognitive Dissonanz:** ein Zustand innerer Spannung aufgrund von widersprechenden Erfahrungen. Es ist experimentell bewiesen, dass Menschen kognitive Dissonanzen zu vermeiden suchen, indem sie – vor allem nach einmal getroffenen Entscheidungen – dem wiedersprechende (dissonante) Informationen umgehen oder abwerten.

**Kohärenz** (Stimmigkeit, von lateinisch *cohaerere* = zusammenhängen): kohärent ist ein System, wenn es keine Widersprüche zwischen seinen einzelnen Teilen aufweist.

**Materialismus:** eine philosophische Position, die glaubt, dass alle Dinge über materielle Vorgänge erklärbar sind. Auch Vernunft, Geist und Bewusstsein lassen sich materiell erklären.

**Maxime:** ein Grundsatz oder eine oberste Regel.

**Mythologie** (von griechisch *mythos* = Wort, Rede, Erzählung und von griechisch *logos* = Lehre): die Gesamtheit der überlieferten Erzählungen eines Volkes.

**Ontologie:** die Lehre vom Sein (griechisch *on* = das Seiende). Sie befasst sich mit dem, was allem Seiendem gemeinsam ist.

**Pantheismus:** die Vorstellung, dass Gott in allen Dingen existiert und mit der Welt identisch ist.

**Phänomen:** die unmittelbar wahrnehmbare Erscheinung einer Sache.

**Positivismus:** wissenschaftstheoretische Position, die alle Erkenntnis auf das positiv »Bestehende«, also unmittelbar wahrnehmbare Dinge, zurückleitet.

**Postulat** (Forderung): nach Kant Annahmen, die aus Vernunftgründen gemacht werden müssen, ohne dass sie beweisbar wären.
**Rationalismus** (von lateinisch *ratio* = Vernunft): Erkenntnistheoretische Position, die davon ausgeht, dass die Vernunft Voraussetzung aller Erkenntnis ist.
**Reduktion** (Zurückführung): Rückführung eines komplexen Tatbestandes auf einfache Ursachen.
**Relativismus:** die philosophische Position, dass alle Erkenntnisse nur in Zusammenhang mit ihren historischen, sozialen, biologischen und anderen Entstehungsbedingungen heraus betrachtet werden können und deshalb nie allgemeingültig sind.
**Skeptizismus** (von griechisch *skepsis* = Betrachtung): philosophische Haltung, die dem Wahrheitsanspruch aller Dinge mit prinzipieller Vorsicht begegnet.
**Sophisten:** griechische Gelehrte, die im 5. und 4. Jh. v. Chr. gegen Bezahlung philosophische und politische Kenntnisse sowie Rhetorik lehren.
**Stoiker:** philosophische Richtung, die im 3. Jh. v. Chr. entsteht und nach ihrem Versammlungsort der *Stoa poikile*, einer Säulenhalle auf dem Marktplatz von Athen, benannt ist. Die Stoiker zeichnen sich durch besonderen Gleichmut aus, mit dem sie allen Wechselfällen des Lebens begegnen.
**Synthetische Erkenntnisse**: Erkenntnisse, die erst getroffen werden können, wenn man mehrere Fakten zusammensetzt, zum Beispiel Aussagen, deren Wahrheitsgehalt überprüft werden muss und nicht schon in der Aussage selber steckt.
**Universalien** (Allgemeinbegriffe): im Mittelalter ähnlich wie Platons »Ideen« gebraucht.
**Utilitarismus** (von lateinisch *utilis* = nützlich): Moralphilosophie, die nach dem Nutzen einer Handlung fragt.
**Verifizierbarkeit:** die Möglichkeit, den Wahrheitsgehalt einer Aussage zu beweisen. Die meisten wissenschaftlichen Aussagen können nicht verifiziert werden. Es lässt sich nur die Wahrscheinlichkeit, dass sie wahr sind, verstärken.
**Vorsokratiker:** Sammelbezeichnung für alle griechischen Philosophen, die vor Sokrates (469 bis 399 v. Chr.) lebten und lehrten.

# Register

**Bildquellen-verzeichnis:**

Getty Images: 55
Ingram: 25, 65, 74, 82, 91, 92, 104, 111, 124
Max-Planck-Gesellschaft: 24
twinbooks, München: 12, 14, 16, 19, 29, 31, 32, 33, 36, 38, 40, 42, 44, 45, 50, 53, 58, 62, 66, 68, 70, 71, 76, 80, 84, 85, 94, 102, 106, 109, 144, 148, 152